相続コンサルで
押さえておきたい
税金のポイント

税理士法人みなと財務
梶山清児（税理士）／著

ビジネス教育出版社
BUSINESS KYOIKU SHUPPANSHA

は　し　が　き

　相続税の基礎控除額が平成27年1月1日から縮小されたことに伴い、相続税の申告書を提出する方が年々増えています。国税庁が公表している「相続税の申告事績」（令和4年分）を見ると、課税割合（相続税の申告書の提出に係る被相続人数÷被相続人数（死亡者数））は9.6％となっています。基礎控除改正前は平均4％程度でしたから、2倍以上に増えていることになります。日本が少子高齢化社会と言われて久しいですが、多死社会が進んでいることも鮮明になってきていますので、今後もしばらくは相続税の申告書を提出する方の増加傾向が続くものと思われます。

　相続税とその補完税といわれる贈与税については、相続人の負担軽減につながる特例がいくつかあります。小規模宅地等に係る課税価格の計算に関する特例がその代表例と言えます。また、令和6年1月1日からは相続税の課税価格に加算される「生前贈与」の範囲が拡大されています。一方、行き過ぎた節税策を封じる対策も講じられてきました。令和6年1月1日以降の相続・贈与について、いわゆるタワーマンションなどの評価額が引き上げられることとなりました。このように、相続・贈与税とそれに関連する財産評価については、毎年のように法令や通達の改正が繰り返されています。

　本書は、主として金融機関や商工会議所・商工会等の経営団体など、中小企業オーナーや富裕層などから相続に関する相談を受ける立場にある方々を対象に、相続・贈与税の仕組みをわかりやすく、かつ計算例を含めて具体的に解説したものです。

　具体的な税務相談は税務代理、税務書類の作成と並ぶ税理士固有の業務ですので、金融機関や経営団体の皆さんが行うことはできませんが、相続に関するコンサルティングの場で知っておくべき知識は身につけておきたいものです。本書がその一助となれば幸いです。

　終わりに当たり、本書の出版についてご尽力いただいた㈱ビジネス教育出版社の皆様に対して心からの謝意を表します。

　令和6年3月

梶山清児

目　次

第4章　財産の評価

第6章　相続時精算課税制度とその他の贈与税の特例

第7章　相続税の申告と納付

第8章　納税猶予制度

第1章

相続発生時に
課せられる税金

1 死亡した人の相続税

　相続税は、亡くなった人（被相続人といいます）から、相続や遺贈※により財産をもらったときに、その財産に対してそのときの価額をベースにしてかかる税金をいいます。

　この場合の財産とは、金銭に見積もることのできる経済的価値のあるすべてのものをいいます。

　金銭的価値のあるものならば、有体物であろうと、債権のような権利であろうと問いません。

　このような財産について相続税が課される根拠は、これらの財産を相続した人にとっては、財産の偶然な取得（不労所得）であり、相続税を課さないと、相続財産を取得した人と取得しなかった人との間で不公平となることや、特定の人に財産が集中する（富の集中）のを防ぐためなどです。

　この場合、相続または遺贈により取得した財産の合計額から、被相続人の債務、葬式費用等を控除した額が、遺産に係る基礎控除額（3,000万円＋600万円×法定相続人の数）以下の金額であれば、相続税は課税されません（p.44　小規模宅地等の評価減の特例などの適用を受けた場合を除き、申告納税義務はありません）。

※　遺贈とは、遺言によってなされる財産の贈与をいいます。この遺贈によって財産を取得した場合にも、相続税が課税されます。

2 死亡した人の所得税

　所得税の確定申告書は、その年の翌年3月15日までの間に、納税地の所轄税務署長に提出することとなっていますが、その年の中途で死亡した場合の申告等は次のとおりです。

◆確定申告をしなければならない人が年の中途で死亡した場合

> 　小売業を営んでいた父が、本年9月10日に死亡しました。この父の確定申告はいつまでにするのでしょうか。

　確定申告書を提出する義務のある者が、年の中途において死亡した場合には、原則としてその相続人は連署して、その死亡した者（被相続人といいます）のその年の1月1日から死亡の日（本件の場合9月10日）までの所得税について、その相続の開始を知った日の翌日から4か月以内に、確定申告書（準確定申告書といいます）を被相続人の

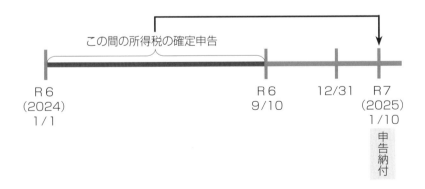

納税地の所轄税務署長に提出しなければなりません。

　この申告書には、「所得税の確定申告書付表（兼相続人の代表者指定届出書）」を併せて提出することとされています。また、他の相続人の氏名を付記して、各人別に確定申告書を提出してもよいことになっています。この場合には、ただちに他の相続人に申告書に記載した内容を通知しなければなりません。

◆本年３月10日に死亡した場合

> 　前ページの事業者が、３月10日に死亡した場合、昨年分の確定申告と、本年１月１日から３月10日までの確定申告は、いつまでにするのでしょうか。

（１）昨年分の確定申告について確定申告書を提出する義務のある者が、その年の翌年１月１日から３月15日までの間に確定申告書を提出しないで死亡した場合には、その相続人は、その被相続人に係る確定申告書を、その相続の開始があったことを知った日の翌日から４か月以内に、被相続人の納税地の所轄税務署長に提出しなければなりません。

　したがって、昨年分の確定申告書の提出期限は、所得税の確定申告

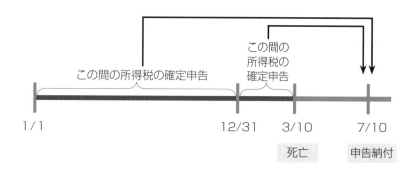

書の申告期限である３月15日ではなく、本年の７月10日となります。

（２）本年の１月１日から３月10日までの期間については、３ページの解説にあるように、その相続人は、被相続人のその年の１月１日から死亡の日（本件の場合、３月10日）までの所得税について、その相続の開始を知った日の翌日から４か月以内に、確定申告書を被相続人の納税地の所轄税務署長に提出しなければなりません。本件の場合、７月10日となります。

　いずれの場合の申告書にも、「所得税の確定申告書付表（兼相続人の代表者指定届出書)」を併せて提出することとされています。

所得税の確定申告書付表

死亡した者の＿＿年分の所得税及び復興特別所得税の確定申告書付表
(兼相続人の代表者指定届出書)

受付印

1 死亡した者の住所・氏名等					
住所	(〒　-　)	氏名	フリガナ	死亡年月日	年　月　日

2 死亡した者の納める税金又は還付される税金 〔第3期分の税額〕 〔還付される税金のときは頭部に△印を付けてください。〕 円 … A

3 相続人等の代表者の指定 〔代表者を指定されるときは、右にその代表者の氏名を書いてください。〕 相続人等の代表者の氏名

4 限定承認の有無 〔相続人等が限定承認をしているときは、右の「限定承認」の文字を〇で囲んでください。〕 限定承認

5 相続人等に関する事項					
(1) 住所		(〒　-　)	(〒　-　)	(〒　-　)	(〒　-　)
(2) 氏名(署名)		フリガナ	フリガナ	フリガナ	フリガナ
(3) 個人番号					
(4) 職業及び被相続人との続柄		職業　　続柄	職業　　続柄	職業　　続柄	職業　　続柄
(5) 生年月日		明・大・昭・平・令 年　月　日	明・大・昭・平・令 年　月　日	明・大・昭・平・令 年　月　日	明・大・昭・平・令 年　月　日
(6) 電話番号					
(7) 相続分 … B		法定・指定	法定・指定	法定・指定	法定・指定
(8) 相続財産の価額		円	円	円	円

6 納める税金等	各人の納付税額 A×B 〔各人の100円未満の端数切捨て〕 (Aが黒字のとき)	00 円	00 円	00 円	00 円
	各人の還付金額 〔各人の1円未満の端数切捨て〕 (Aが赤字のとき)	円	円	円	円

7 還付される税金の受取場所	銀行等の預金口座に振込みを希望する場合	銀行名等	銀行・金庫・組合・農協・漁協	銀行・金庫・組合・農協・漁協	銀行・金庫・組合・農協・漁協	銀行・金庫・組合・農協・漁協
		支店名等	本店・支店・出張所・本所・支所	本店・支店・出張所・本所・支所	本店・支店・出張所・本所・支所	本店・支店・出張所・本所・支所
		預金の種類	預金	預金	預金	預金
		口座番号				
	ゆうちょ銀行の口座に振込みを希望する場合	貯金口座の記号番号	-	-	-	-
	郵便局等の窓口受取りを希望する場合	郵便局名等				

(注)「5 相続人等に関する事項」以降については、相続を放棄した人は記入の必要はありません。

税務署整理欄	整理番号	0　　　　0　　　　0　　　　0	一連番号
	番号確認 身元確認	□ 済 □ 未済 ／ □ 済 □ 未済 ／ □ 済 □ 未済 ／ □ 済 □ 未済	

第2章

相続税の対象となる財産と非課税財産

1 相続税の対象となる財産

相続税が課税される財産には、本来の相続財産、みなし相続財産、相続開始前3年以内に贈与を受けた財産、被相続人から相続時精算課税に係る贈与によって取得した財産があります。

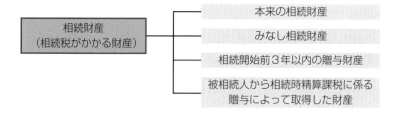

（1）本来の相続財産

具体的な財産としては、相続または遺贈によって取得した土地、建物、借地権、現金、預貯金、有価証券、貴金属、書画骨董、立木等の一切の財産をいいます。また、次のような点に留意する必要があります。

① 財産には、物権、債権および無体財産権に限らず、信託受益権、電話加入権等が含まれること。

② 財産には、法律上の根拠を有しないものであっても経済的価値が認められているもの、たとえば、営業権のようなものも含まれること。

③ 質権、抵当権または地役権のように従たる権利は、主たる権利の

価値を担保し、または増加させるものであって、独立して財産を構成しないことから相続財産には含まれません。

（2）みなし相続財産

民法上の本来の相続や遺贈によって取得した財産でなくても、実質的にはこれと同様な経済的効果があるものについては、相続税法上は課税の公平を図るために、相続や遺贈によって取得したものとみなして、相続税の課税財産（みなし相続財産）としています。

みなし相続財産には、次のようなものがあります。
① 　生命保険金等
② 　退職手当金等
③ 　生命保険契約に関する権利等

① 　生命保険金等

被相続人の死亡により、相続人などが取得した生命保険契約の保険金や偶然の事故に基因する死亡に伴い支払いを受ける損害保険契約の保険金で、被相続人が負担した保険料に対応する、次の算式で計算した生命保険金等が、みなし相続財産になります。

$$\text{生命保険金等} \times \frac{\text{被相続人が負担した保険料の額}}{\text{払込保険料の総額}}$$

この保険金は、保険会社から直接、指定受取人に支払われるものであり、相続により取得したものではありませんが、被相続人が保険料を負担したゆえに支払われるものですから、経済的にみると、相続によって被相続人からもらった財産と変わらないこととなります。そこ

で相続税法では、被相続人が保険料を支払っていた生命保険金等を、みなし相続財産として取り扱い、相続税を課することとしているのです。

　この生命保険金等は、相続人の生活保証のためのものであることから、「相続人」が受け取った保険金については、「500万円×法定相続人の数※」に相当する金額について、非課税とされています。

※　ここでいう「法定相続人」とは、課税価格の計算の「法定相続人」（27ページ）のことです。

　なお、具体的な計算方法は、相続税の非課税財産の「具体例」（22ページ）を参照してください。

生命保険契約または損害保険契約に基づく死亡保険金の課税関係

保険契約者 （保険料負担者）	被保険者 （死亡した者）	保険金 受取人	課税関係 （課税を受ける人）	課税の態様
Aさん	Aさん	Aさんの子	Aさんの子	相続税 みなし相続財産
Aさん	Aさんの配偶者	Aさんの子	Aさんの子	贈与税 みなし贈与財産
Aさん	Aさんの配偶者	Aさん	Aさん	所得税 （一時所得）

②　退職手当金等

　被相続人の死亡により取得した「被相続人に支給されるべきであった退職手当金、功労金その他これらに準ずる給与」で、被相続人の死亡後3年以内に支給が確定したものが、みなし相続財産になります。

　会社に勤務していた被相続人が、退職金の支給を受けないで亡くなった場合に、遺族に会社から退職金が支給されます。この退職金は、遺族が会社から直接もらうものであり、被相続人の財産ではありませんが、経済的にみると、退職金は相続によって被相続人からも

らった財産と変わりません。そこで、相続税法では、遺族に支給された退職金を相続財産として扱い、相続税を課することとしているわけです（所得税は課税されません）。

この場合、死亡後3年以内に支給が確定していることが要件であり、実際に支給される時期が被相続人の死亡後3年以内であるか否かは問いません。

また、支給することは決まっていても支給金額が確定していない場合には、「支給が確定したもの」には該当しません。3年を経過した後で支給額が確定したものについては、支給を受けた者の一時所得として所得税が課されます（相続税は課税されません）。

このみなし相続財産となる退職手当金等についても、その相続人が受けた金額のうち「500万円×法定相続人の数※」に相当する金額については、非課税とされています。

※　ここでいう「法定相続人」とは、課税価格の計算の「法定相続人」（27ページ）のことです。

③　弔慰金の扱い

なお、被相続人の死亡により、その被相続人が勤務していた会社から弔慰金、花輪代、葬祭料等（以下「弔慰金等」といいます）が贈られることが一般的です。これは、喪主や相続人に対する贈与ですから相続税が課されることはありませんし、社交上の慣行に基づいて贈られるものですから、常識的なものであれば、贈与税や所得税も課せられません。しかし、弔慰金の名目で支給されたものであっても、実質的に退職金である場合には、みなし相続財産として相続税の課税対象となります。実質的な退職金でなくても、弔慰金等のうち次に掲げる金額までは弔慰金等に相当する金額として取り扱い、その金額を超え

る部分の金額は、退職手当金等に該当するものとして、②退職手当金等の扱いとなります。

　ア．被相続人の死亡が業務上の死亡であるとき

　　被相続人の死亡当時における賞与以外の普通給与の３年分

　イ．被相続人の死亡が業務上の死亡でないとき

　　被相続人の死亡当時における賞与以外の普通給与の６か月分

　この場合の「業務上の死亡」とは、直接業務に基因する死亡、または業務と相当因果関係があると認められる死亡を指します。業務遂行中や出張中、あるいは通勤途上の事故などで死亡した場合が該当します。

　賞与以外の普通給与とは、俸給、給料、賃金、扶養手当、勤務地手当、特殊勤務地手当等の合計額をいいます。

④　生命保険契約に関する権利

　相続開始のときにおいて、まだ保険事故が発生していない生命保険契約（掛捨ての保険契約は除きます）で、被相続人が保険料の全部または一部を負担し、かつ、被相続人以外の人が、その契約者である場合の生命保険契約（たとえば、被相続人が保険料を負担し、子供が被保険者で、配偶者を契約者とする生命保険契約等）に関する権利のうち、次の算式で計算した金額に相当する部分が、みなし相続財産になります。

　なお、契約者が被相続人であったときは、本来の相続財産として相続税の課税対象となります。

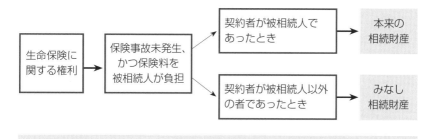

※　生命保険契約に関する権利の価額
生命保険契約に関する権利の評価は原則として個々の契約に係る解約返戻金の額で評価することになります。

（3）相続開始前3年以内に贈与を受けた財産

　相続や遺贈によって財産を取得した人が、相続開始前3年以内に、その相続に係る被相続人から贈与を受けた財産で、贈与税の課税価格に算入されたもの（贈与税の基礎控除額以下の贈与も含む）がある場合には、その贈与を受けた財産の価額を相続財産の価額に加えて相続税を計算することとなっています。

　生前に贈与された財産は、亡くなったときは、すでに被相続人の財産ではありませんから、本来相続税は課税されないはずです。しかし、相続開始間際に財産を相続人に贈与して相続税の回避を図ることも予想されますので、相続税の計算では、これらの財産を相続財産に加算することとしています。

　この規定は、相続や遺贈によって財産を取得した人だけに適用されますので、生前に財産の贈与を受けても、相続や遺贈によって財産を取得しなかった人に対しては、適用されません。

加算される財産の価額は、贈与のときの評価額で、相続または遺贈のときの評価額ではありません。

　贈与時に贈与税が課税されている場合には、二重課税を防止するために、その贈与税額を算出相続税額から控除します。

　たとえば、令和6年5月10日に死亡した人の相続人の場合、令和3年5月10日以降に贈与を受けた財産の価額が、その課税価格に加算されます。

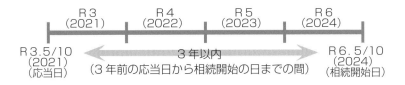

（4）相続開始前3年以内に贈与を受けた財産の改正

　令和6年1月1日以後に贈与により取得する財産に係る相続税に加算する贈与は、下記のとおりとなります。

相続開始年月日	加算される期間
令和6年1月1日から 令和8年12月31日	相続開始前3年間
令和9年1月1日から 令和9年12月31日	相続開始前4年間 （ただし、令和6年1月1日以後の贈与に限る）
令和10年1月1日から 令和10年12月31日	相続開始前5年間 （ただし、令和6年1月1日以後の贈与に限る）
令和11年1月1日から 令和11年12月31日	相続開始前6年間 （ただし、令和6年1月1日以後の贈与に限る）
令和12年1月1日から 令和12年12月31日	相続開始前7年間 （ただし、令和6年1月1日以後の贈与に限る）
令和13年1月1日以降	相続開始前7年間

（注）当該加算される財産のうち、相続開始前3年以内に贈与により取得した財産以外の財産（4年から7年）については、当該財産の価額の合計額から100万円を控除した残額を相続税の課税価格に加算します。

〈令和6年1月1日以降の贈与〉

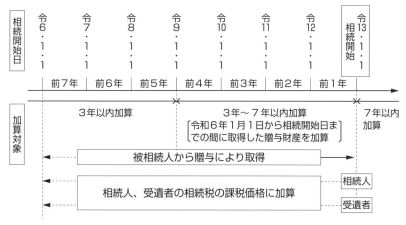

（5）被相続人から相続時精算課税に係る贈与によって取得した財産

　相続時精算課税適用者が被相続人から生前に相続時精算課税に係る贈与によって取得した財産の価額（相続開始の時の価額ではなく、贈与の時の価額）は、相続税の課税価格に加算され、相続税がかかります。

　なお、相続時精算課税適用者が、相続や遺贈によって財産を取得しなかった場合であっても被相続人から取得した相続時精算課税適用財産は、相続や遺贈により取得したものとみなされて、相続税がかかります。

（6）課税財産の範囲

　課税される財産の範囲は、財産を取得したときに、その取得した者の住所が国内にあるか否かにより次のように異なります。

①　無制限納税義務者

　相続または遺贈により財産を取得した次の人で、その財産を取得したときに日本国内に住所※がある人

　ア．一時居住者でない者（一般の居住者）

　イ．一時居住者で、その被相続人が一時居住被相続人や非居住被相続人でない（一般の居住者である被相続人である）者

　　（注1）　一時居住者とは、相続開始時に在留資格を有し、相続の開始前15年以内において日本国内に住所を有していた期間が10年以下である者

　　（注2）　一時居住被相続人とは、相続開始時に在留資格を有し、かつ日本国内に住所を有していて、相続の開始前15年以内において日本国内に住所を有していた期間が10年以下である者

　　（注3）　非居住被相続人とは、次の者をいう。

　　　　a．相続開始時に日本国内に住所を有しておらず、相続の開始前10年以内のいずれかの時において日本国内に住所を有していたことがある者のうち、そのいずれの時においても日本国籍を有していなかった者

　　　　b．相続の開始前10年以内のいずれの時においても日本国内に住所を有していたことがない者

　※　住所とは、その納税者の生活の本拠地をいいます。

　無制限納税義務者は、相続または遺贈により取得をした財産について日本国内、日本国外のすべての財産が課税財産になります。

---

②　制限納税義務者（1）

　相続または遺贈により日本国内にある財産を取得した人で、その財産を取得したときに日本国内に住所がない人〈④に該当する人を除く〉

③　制限納税義務者（2）

　相続または遺贈により日本国内にある財産を取得した人で、その財産を取得したときに日本国内に住所がある人のうち、一時居住者で、その被相続人が一時居住被相続人や非居住被相続人である人

　制限納税義務者（1）および（2）の人は、相続または遺贈により取得をした財産のうち、日本国内にある財産のみが課税財産になります。

④　非居住無制限納税義務者

　相続または遺贈により財産を取得した次の人で、その財産を取得したときに日本国内に住所を有しない人

　ア．日本国籍を有する人で次に該当する人

　　a．相続の開始前10年以内のいずれかの時において日本国内に住所を有していたことがある人

　　b．相続の開始前10年以内のいずれかの時においても日本国内に住所を有していたことがない人で、その被相続人が一時居住被相続人や非居住被相続人でない人

　イ．日本国籍を有しない人で、その被相続人が一時居住被相続人や非居住被相続人でない人

> 　非居住無制限納税義務者は、相続または遺贈により取得をした財産について日本国内、日本国外のすべての財産が課税財産になります。

（7）住所の判定

① 　留学生については、本人が日本国籍を有し、かつ日本国内にいる者に扶養されている者については、日本国内に住所があるものとして取り扱われます。

② 　日本国籍を有する者で国外勤務者については、国外における役務提供期間が1年以内である者については、日本国内に住所があるものとして取り扱われます。

③ 　海外旅行者や国外出張者等のように、一時的に日本を離れている者は、日本国内に住所があることになります。

（8）財産の所在地

　財産の所在地の判定は、その財産を相続または遺贈により取得したときの現況によります。

① 　動産または不動産……その動産または不動産の所在地

② 　金融機関に対する預金、貯金等……その預金、貯金等の受入れをした営業所または事務所の所在地（○○銀行A支店にある預金についてはその所在地は、A支店の所在地となります）

③ 　貸付金債権……その主債務者の住所または本店、もしくは主たる事務所の所在地

④　社債または株式……その社債または株式の発行法人の所在地

⑤　合同運用信託または証券投資信託……これらの信託の引受けをした営業所または事業所の所在地

⑥　営業所または事業所を有する者のその営業所または事業所に係る営業上または事業上の権利……その営業所または事業所の所在地

⑦　国債または地方債……日本国内

⑧　外国または外国の地方公共団体が発行する公債……その外国

⑨　保険金……保険会社の本店または主たる事務所の所在地（日本国内に本店または主たる事務所がない外国の保険会社の場合は、日本国内の営業所等の所在地）

⑩　退職手当金……支払者の住所または本店、もしくは主たる事務所の所在地

2 相続税の非課税財産

　財産の性格、国民感情、社会政策的見地から、相続税を課さないこととしている非課税財産には、次のようなものがあります。

① 墓所、霊びょうおよび祭具ならびにこれらに準ずるもの

　たとえば、墓地、墓石やこれらの尊厳の維持に必要な土地その他の物件も含むものとされています。また神棚、仏壇、位牌、仏像、仏具等で日常礼拝のために用いられているものも含まれます。ただし、被相続人が商品、骨とう品または投資の対象として所有している仏像、仏具等は含まれません。

② 宗教、慈善、学術その他公益事業を行う人が取得した財産で、その人が行う公益事業のために使用することが確実なもの

　上記②に掲げる財産を取得した者がその取得の日から2年を経過した日において、なおその財産をその公益を目的とする事業の用に供していない場合においては、その財産の価額は相続税の課税価格に算入されます。

③ 心身障害者共済制度に基づく給付金の受給権

　条例の規定により地方公共団体が精神または身体に障害のある者に関して実施する共済制度で、一定の要件に該当するものに基づいて支給される給付金を受ける権利をいいます。

④　相続人が受け取った生命保険金等や退職手当金等のうち、次に掲げる金額

・適用対象者……相続人（相続を放棄（※1）した者または相続権を失った者（※2）については適用はありません）

・非課税限度額……500万円×法定相続人（※3）の数＝A

・各相続人の非課税限度額

　各相続人の取得した保険金等（退職手当金等）の合計額＝B

　ア．B≦Aの場合……相続人が取得したすべての保険金額（退職手当金等）

　イ．B＞Aの場合……次の算式による金額

$$A \times \frac{\text{その相続人の取得した保険金等（退職手当金等）}}{B}$$

　生命保険金等の非課税金額の計算と退職手当金等の非課税金額の計算は、それぞれ別枠で行うことになります。

※1　相続の放棄とは、民法上の法律行為であり、相続の開始があったことを知った時から3か月以内に家庭裁判所に申述して手続をしなければなりません。相続の放棄をした者は、民法上は初めから相続人とならなかったものとみなされます。

※2　相続権を失った者とは、被相続人を殺害したり、遺言書を偽造または変造、破棄、隠匿することにより、民法上相続人となれないこととされている者をいいます。

※3　この「法定相続人」とは、課税価格の計算の「法定相続人」（27ページ）のことです。

◆具体例

令和6年6月に、被相続人が亡くなったことにより、生命保険
金4,000万円を次の者が受け取りました（保険料は被相続人が負
担）。

この場合、保険金等の非課税限度額は、いくらになりますか。

● 受取額　　配偶者【乙】2,000万円

子【A】1,000万円

子【B】　600万円

弟【丙】　400万円

(1) 法定相続人【乙】、【A】、【B】

(2) 非課税限度額　　　　500万円 × 3 ＝ 1,500万円

(3) 適用対象者（相続人）　【乙】、【A】、【B】

(4) 各相続人の非課税限度　3,600万円 ＞ 1,500万円

【乙】　1,500万円 × $\dfrac{2,000万円}{3,600万円}$ ＝ 833万3,333円

【A】　1,500万円 × $\dfrac{1,000万円}{3,600万円}$ ＝ 416万6,666円

【B】　1,500万円 × $\dfrac{600万円}{3,600万円}$ ＝ 250万円

【丙】　丙は、相続人でないため適用はありません。

(5)　各人の課税価格に算入する生命保険金

	乙	A	B	丙
みなし相続財産 生命保険金等	2,000万円	1,000万円	600万円	400万円
同上の非課税金額	△833万3,333円	△416万6,666円	△250万円	―
相続税の課税価格 に算入される金額	1,166万6,667円	583万3,334円	350万円	400万円

⑤　相続税の申告書の提出期限（相続の開始を知った日の翌日から10か月以内）までに相続によって取得した財産を、国または地方公共団体、または特定公益法人※に贈与した場合、その贈与した相続財産の価額は、相続税の課税価格の計算の基礎に算入されません。

　　ただし、その贈与によりその贈与をした者またはその親族その他これらの者と特別の関係がある者の相続税または贈与税の負担が不当に減少する結果となると認められる場合を除きます。

※　公益社団法人、公益財団法人およびその他の公益事業を行う法人のうち、教育もしくは科学の振興、文化の向上、社会福祉への貢献、その他公益の増進に著しく寄与する特定のもの。たとえば、独立行政法人、国立大学法人、社会福祉法人など。

　　ただし、この非課税の取扱いは、特定公益法人が、贈与を受けた日から2年を経過した日までに公益法人でなくなったとか、贈与によって取得した財産を2年を経過した日までに公益を目的とする事業の用に供していない場合には適用されません。また、この規定の適用を受けるためには、申告の際に、非課税の取扱いを受けたい旨を記載するとともに、贈与した財産の明細およびその他の書類の添付が必要です。

　　このほか、国税庁長官の認定を受けたNPO法人に対し、相続税

の申告書の提出期限までに相続財産を寄付した場合も、一定の要件のもとに相続税が非課税となります。

第3章

課税価格の計算

1 課税価格の計算方法

（1）各人の課税価格

　各人の課税価格とは、相続税を計算する際の基礎となる相続や遺贈により取得した財産の価額の各人ごとの合計額で、次のように計算します。

> 本来の相続財産 ＋ みなし相続財産 － 非課税財産 － 債務控除 ＋
>
> $\begin{array}{c}\text{相続開始前3年}\\\text{以内の贈与財産}\\\text{(p.13参照)}\end{array}$ ＋ $\begin{array}{c}\text{相続時精算課税に係る贈}\\\text{与によって取得した財産}\\\text{(p.15参照)}\end{array}$ ＝ 課税価格

　課税価格の合計額は、相続や遺贈によって財産を取得した各人の課税価格を合計して計算することとなります。

課税価格の合計額の計算

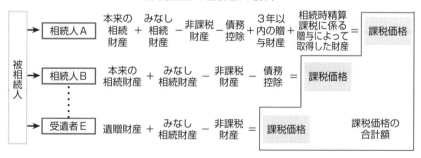

> 遺贈：被相続人が遺言によって、相続人または相続人以外の人に財産を与えることをいいます。
> 遺贈者：遺贈をした人をいいます。
> 受遺者：遺贈により財産をもらった人をいいます。

26

※　包括受遺者以外の一般の受遺者は債務控除の適用がありません。詳細は、本章「2　債務控除」をご参照ください。

「課税価格」の計算にあたって、それぞれの財産をいくらで評価するのかは、主として国税庁が定めた「財産評価基本通達」に従って評価します。詳細は「第4章　財産の評価」をご参照ください。

なお、相続税の申告書の提出期限までに、遺産の全部または一部の分割が行われていない（未分割の）ときは、その分割されていない財産については、各共同相続人または包括受遺者が法定相続分どおりに承継したものとして課税価格を計算します。詳細は、「未分割遺産に対する計算」（36ページ）をご参照ください。

（2）基礎控除額

相続税の総額を計算する場合において、相続または遺贈により財産を取得したすべての者に係る相続税の課税価格の合計額から、「遺産に係る基礎控除額」を控除します。

「課税価格の合計額」から差し引く「遺産に係る基礎控除額」は、「課税価格の合計額」が、これ以下であれば相続税が課税されない非課税の限度額を意味しています。

遺産に係る基礎控除額 ＝ 3,000万円 ＋ 600万円 × 法定相続人の数

（3）法定相続人

法定相続人とは、民法に規定する相続人をいいますが、相続の放棄をした人があっても、放棄はなかったものとした場合の相続人をいい

ます（相続税法固有の規定です）。

① 養子の数の制限（相続税法固有の規定）

　養子がいる場合、法定相続人の数に含める養子の数に、次のような制限があります。

　　ア．実子がいる場合には、被相続人の養子のうち1人だけを法定相続人の数に含めます。

　　イ．実子がいない場合には、被相続人の養子のうち2人までを法定相続人の数に含めます。

※　法定相続人の数に含める1人または2人の養子であっても、たとえば、相続開始直前になって養子とされた者などで、明らかに租税回避だけを目的とした養子については、法定相続人の数に含めることが認められないことがあります。

② 養子の数の制限の対象外（相続税法固有の規定）

　次の養子については、相続税の計算上、実子とみなすこととされていますので、上記の養子の数の制限の対象から除かれます。

　　ア．民法上の特別養子縁組による養子となった者

　　イ．配偶者の実子で被相続人の養子となった者

　　ウ．被相続人との婚姻前の配偶者と特別養子縁組による養子となった者で婚姻後その被相続人の養子となった者

　　エ．実子または養子の代襲相続人となった者

（4）課税遺産総額の計算

　課税価格の合計額から遺産に係る基礎控除額を差し引いて課税遺産総額を計算します。

課税価格の合計額 － 遺産に係る基礎控除額 ＝ 課税遺産総額

　このあと相続税の税額計算となります。第5章「相続税の税額計算」を参照してください。

2 債務控除

　相続財産から控除できるものは、被相続人の債務や被相続人にかかる葬式費用で相続人または包括受遺者が負担する部分の金額（実際に負担した金額）です。相続や遺贈によって取得した財産の価額からこれら債務控除額をそれぞれ差し引いた残額が、相続税の課税価格となります。

　ただし債務の金額および葬式費用の額は、相続税の課税価格に加算される相続開始前 3 年以内の贈与財産（生前贈与加算。p.13参照）からは、控除することができません。

相続財産	10,000	}⟶ 0
債務控除	△14,000	
生前贈与加算	10,000	
課税価格	10,000	

（1）債務控除

　被相続人は、土地、建物、有価証券等の財産だけでなく、借入金や未払金等を残して亡くなることがあります。

　これらの借入金や未払金等も原則として相続人が引き継ぐことになります。これらの借入金や未払金等を、相続財産の価額から控除します。

　債務控除としては、以下のものがあります。

① 被相続人の債務で相続開始の際、現に存するもの（公租公課を含みます）

② 被相続人の葬式費用

　これらの債務控除は、相続人または包括遺贈※により財産を取得した者（包括受遺者）に適用されます。

　相続を放棄した人や相続権を失った人が負担する債務については、たとえその人が遺贈により財産を取得している場合でも、その財産の価額から差し引くことができません。しかし、葬式費用に限っては実際に負担した場合には、その負担した金額を差し引くことができます。

※ 包括遺贈とは、特定の財産を遺贈する（特定遺贈）のではなく、財産の割合を指定して遺贈することをいいます。

（2）債務の金額

① 取得した財産の価額から差し引くことができる債務の金額は、被相続人について発生している債務で、相続開始の際、現に存するものに限られます。

② この債務の金額は、確実と認められるものに限られます。この場合、債務が確実であるということは、必ずしも書面による証拠があることを必要とするという意味でなく、債務の金額が確定していなくても、債務の金額があることが確実と認められるものについては、相続開始時の現況によって確実と認められる範囲の金額だけを控除することができます。

　　具体例としては、被相続人が亡くなったときに存在していた確実に支払わなければならない、銀行等からの借入金、医療費の未払

分、事業上の買掛金、未払金、公租公課等があります。

③　債務控除の対象となる公租公課

　　この公租公課とは、国税および地方税、ならびにその他地方公共団体が強制的に徴収するものをいいます。被相続人について相続開始時において納税義務が確定しているものに加えて、被相続人に係る国税、地方税で、相続開始後、相続人等が納付することになったものも含まれます。具体的には、固定資産税や準確定申告による所得税、住民税の未納分等があります。

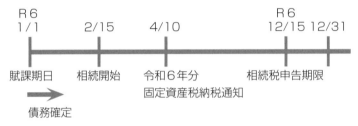

　　たとえば、固定資産税は、賦課期日において納税義務が確定しているものとされます。

④　次の非課税財産の取得、維持または管理のために生じた債務の金額（借入金や未払金）については、債務控除は認められません。

・墓所、霊びょうおよび祭具ならびにこれらに準ずるものの取得のための借入金等（これらの財産は非課税財産だからです）

⑤　保証債務および連帯債務については、次のように取り扱われます。

　ア．保証債務については、債務として控除することはできません。ただし、主たる債務者が弁済不能の状態にあるため、保証債務者（被相続人）が、その債務を履行しなければならない場合で、かつ、主たる債務者から返還を受ける見込みがない場合には、主たる債務者の返還できない部分の金額は、債務として控除すること

32

ができます。

イ．連帯債務については、被相続人の負担すべき金額が明らかとなっている場合には、その金額を控除することができます。また、連帯債務者のうち、弁済不能の状態にある者があり、かつ、その者から返還を受ける見込みがない場合には、その金額も債務として控除することができます。

⑥　葬式費用

　　被相続人の葬式に要した費用も相続財産から差し引くことができます。葬式費用は、被相続人の債務ではありませんが、被相続人の死亡に基因して発生する費用であるからです。具体的には、次のような費用が該当します。

ア．葬式もしくは葬送に際し、またはこれらの前において、埋葬、火葬、納骨、または遺がいもしくは遺骨の回送その他に要した費用（仮葬式と本葬式とを行うものにあっては、その両者の費用。戒名料を含みます）

イ．葬式に際し施与した金品で、被相続人の職業、財産その他の事情に照らして相当程度と認められるものに要した費用（お布施など）

ウ．アまたはイに掲げるもののほか、葬式の前後に生じた出費で通常葬式に伴うものと認められるもの（お清めの食事代など）

エ．死体の捜索または死体もしくは遺骨の運搬に要した費用

　　ただし、次のようなものは葬式費用として取り扱われません。

　a．香典返戻費用（いわゆる香典返し）

　b．仏壇、墓碑および墓地の買入費ならびに墓地の借入料

　c．法会・法要に要する費用（四十九日・一周忌などの法会費用）

ｄ．医学上または裁判上の特別の処置に要した費用

⑦　遺言執行費用

　　債務として控除できる金額は、被相続人の債務で、相続開始の際に現に存するものに限られています。遺言執行費用は、相続開始後に発生するものであり、被相続人の債務でもなく、相続開始のときに現に存する債務でもないことから、相続税の課税価格の計算上控除される債務とはなりません。

（3）納税義務者の区分による債務控除の違い

　相続または遺贈により財産を取得した人が、無制限納税義務者および非居住無制限納税義務者である場合と制限納税義務者である場合等の債務控除の違いは、次のように控除の対象とされる範囲が定められています。

①　無制限納税義務者および非居住無制限納税義務者
　ア．被相続人の債務で相続開始の際、現に存するもの（公租公課を含む）
　イ．被相続人に係る葬式費用

②　制限納税義務者
　その者の相続税の課税対象財産（取得した国内財産）に関する債務で、次に掲げるものに限られます。
　ア．その財産についての公租公課（固定資産税等）
　イ．その財産を目的とする留置権、特別の先取特権、質権または抵当権で担保される債務

ウ．その財産の取得、維持または管理のために生じた債務

エ．その財産に関する贈与の義務

オ．被相続人が死亡のとき、日本国内に営業所または事業所を有していた場合において、その営業所または事業所に係る営業上または事業上の債務

　無制限納税義務者および非居住無制限納税義務者は、相続または遺贈により取得したすべての財産（国内外を問わず）に対して課税されるのに対し、制限納税義務者は、相続または遺贈により取得した国内の財産に対してのみ課税されるため、債務控除においてもこのような違いになっています。

※　無制限納税義務者、非居住無制限納税義務者および制限納税義務者の定義については、16〜17ページをご参照ください。

3 未分割遺産に対する計算

（1）相続税の申告書の提出期限

　相続税の申告書の提出期限は、相続の開始を知った日の翌日から10か月以内です。この相続の開始は、被相続人の死亡によりますが、10か月以内に遺産の分割協議がまとまらない場合があります。この場合には、相続財産は、共有状態が続くこととなります。

　このように、相続の開始を知った日の翌日から10か月以内に遺産の分割協議がまとまらない場合、相続税の申告における各人の課税価格は、「（2）課税価格の計算の方法」で述べるように、民法の規定に従って計算されることとなります。したがって、未分割であっても法定の期限内に相続税申告書を提出しなければなりません。

（2）課税価格の計算の方法

① 　相続税の申告期限までに、相続人間で相続財産が分割されていない場合（未分割の場合）には、相続財産は共有とされ、各共同相続人または包括受遺者が民法（民法904条の2（寄与分）を除きます）に規定する相続分または包括遺贈の割合に従って遺産を取得したものとして課税価格を計算します。

　これは、財産が未分割の間、課税がされないこととなるのは、税負担の公平を欠くことになるからです。

36

② 相続分とは、民法900条（法定相続分）から903条（特別受益者の相続分）までに規定する相続分をいいます（民法の規定は41〜43ページを参照）。

③ 民法900条の法定相続分

民法900条によって定められた相続割合を、法定相続分といい、次のように定められています。

ア．相続人が配偶者と子（またはその代襲者）の場合の法定相続分

配偶者の相続分　　　　　　　　　1／2

子（またはその代襲者）の相続分　　1／2

子が数人いるときは、子同士で平等に分けます。

イ．相続人が配偶者と父母（または祖父母等直系尊属）の場合の法定相続分

配偶者の相続分　　　　　　　　　2／3

父母（または祖父母等直系尊属）　1／3

ウ．相続人が配偶者と兄弟姉妹（またはその代襲者）の場合の法定相続分

配偶者の相続分　　　　　　　　　3／4

兄弟姉妹（その代襲者）　　　　　1／4

※ 兄弟姉妹の代襲相続は一代限り（兄弟姉妹の子まで）です。

（3）具体例

次の各ケースについて、各相続人の課税価格を計算します。

■民法900条（法定相続分）

被相続人の遺産　3億4,000万円

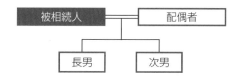

- ●配偶者　3億4,000万円 × 1／2 ＝ 1億7,000万円
- ●長男、次男それぞれ

　　　3億4,000万円 × 1／2 × 1／2 ＝ 8,500万円

■民法901条（代襲相続分）

被相続人の遺産　3億4,000円

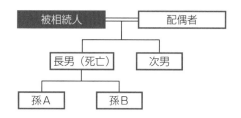

- ●配偶者　3億4,000万円 × 1／2 ＝ 1億7,000万円
- ●次男　3億4,000万円 × 1／2 × 1／2 ＝ 8,500万円
- ●孫A、孫Bそれぞれ

　　　3億4,000万円 × 1／2 × 1／2 × 1／2 ＝ 4,250万円

■民法903条（特別受益者の相続分）

被相続人の遺産　3億4,000万円

相続人が生計の資本として被相続人から生前に贈与を受けた財産

　　　長男　　1,000万円（相続開始時の価額）

次男　　3,000万円（相続開始時の価額）

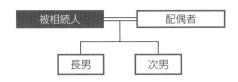

●未分割遺産の額　　3億4,000万円

●特別受益額　　長男　　　　1,000万円

　　　　　　　　次男　　　　3,000万円

　　　　　　　　合計額　　　4,000万円

●生前贈与がなかったとした場合の相続財産

　　未分割遺産の額＋特別受益額

　　＝3億4,000万円 ＋ 4,000万円 ＝ 3億8,000万円

●本来の相続分

　　配偶者　　3億8,000万円 × 1／2 ＝ 1億9,000万円

　　長男　　　3億8,000万円 × 1／2 × 1／2 ＝ 9,500万円

　　次男　　　3億8,000万円 × 1／2 × 1／2 ＝ 9,500万円

●具体的相続分

　　配偶者　　1億9,000万円

　　長男　　　9,500万円 － 1,000万円 ＝ 8,500万円

　　次男　　　9,500万円 － 3,000万円 ＝ 6,500万円

　　合計額　　3億4,000万円

※　このように生前に贈与された特別受益者がいる場合、その生前贈与財産は相続財産に取り込んで各人の相続分を再計算することになります。この場合、取り込まれる生前贈与は、相続開始前3年（13ページ参照）より前のものも含まれることに注意してください。

（4）遺産分割後の手続

　相続税の申告期限までに遺産の分割が行われなかった場合で、その後、分割が決定した結果、納税額の過不足が生じた場合、次のように取り扱うこととなります。

①　相続税額が減少する場合

　遺産分割が行われた日の翌日から4か月以内に納税地の所轄税務署長に対して、更正の請求をすることができます。

申告書の提出期限

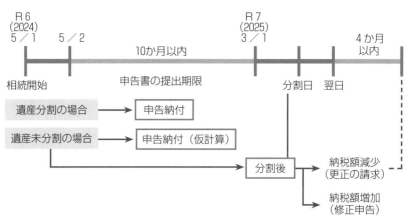

②　相続税額が増加する場合

　納税地の所轄税務署長に対して、修正申告書を提出することができます。

[参考] 民法

（法定相続分）

第900条　同順位の相続人が数人あるときは、その相続分は、次の各号の
　　定めるところによる。

　一　子及び配偶者が相続人であるときは、子の相続分及び配偶者の相続
　　　分は、各2分の1とする。

　二　配偶者及び直系尊属が相続人であるときは、配偶者の相続分は、3
　　　分の2とし、直系尊属の相続分は、3分の1とする。

　三　配偶者及び兄弟姉妹が相続人であるときは、配偶者の相続分は、4
　　　分の3とし、兄弟姉妹の相続分は、4分の1とする。

　四　子、直系尊属又は兄弟姉妹が数人あるときは、各自の相続分は、相
　　　等しいものとする。ただし父母の一方のみを同じくする兄弟姉妹の相
　　　続分は、父母の双方を同じくする兄弟姉妹の相続分の2分の1とする。

（代襲相続人の相続分）

第901条　第887条第2項又は第3項の規定により相続人となる直系卑属の
　　相続分は、その直系尊属が受けるべきであったものと同じとする。ただ
　　し、直系卑属が数人あるときは、その各自の直系尊属が受けるべきで
　　あった部分について、前条の規定に従ってその相続分を定める。

2　前項の規定は、第889条第2項の規定により兄弟姉妹の子が相続人と
　　なる場合について準用する。

（遺言による相続分の指定）

第902条　被相続人は、前2条の規定にかかわらず、遺言で、共同相続人
　　の相続分を定め、又はこれを定めることを第三者に委託することができ
　　る。

2　被相続人が、共同相続人中の1人若しくは数人の相続分のみを定め、
　　又はこれを第三者に定めさせたときは、他の共同相続人の相続分は、前
　　2条の規定により定める。

（相続分の指定がある場合の債権者の権利の行使）

第902条の2　被相続人が相続開始の時において有した債務の債権者は、
　　前条の規定による相続分の指定がされた場合であっても、各共同相続人
　　に対し、第900条及び第901条の規定により算定した相続分に応じてその
　　権利を行使することができる。ただし、その債権者が共同相続人の一人
　　に対してその指定された相続分に応じた債務の承継を承認したときは、
　　この限りでない。

（特別受益者の相続分）

第903条　共同相続人中に、被相続人から、遺贈を受け、又は婚姻若しく
　　は養子縁組のため若しくは生計の資本として贈与を受けた者があるとき
　　は、被相続人が相続開始の時において有した財産の価額にその贈与の価
　　額を加えたものを相続財産とみなし、第900条から第902条までの規定に
　　より算定した相続分の中からその遺贈又は贈与の価額を控除した残額を
　　もってその者の相続分とする。

2　遺贈又は贈与の価額が、相続分の価額に等しく、又はこれを超えると
　　きは、受遺者又は受贈者は、その相続分を受けることができない。

3　被相続人が前2項の規定と異なった意思を表示したときは、その意思
　　に従う。

4　婚姻期間が20年以上の夫婦の一方である被相続人が、他の一方に対
　　し、その居住の用に供する建物又はその敷地について遺贈又は贈与をし
　　たときは、当該被相続人は、その遺贈又は贈与について第1項の規定を
　　適用しない旨の意思を表示したものと推定する。

第904条　前条に規定する贈与の価額は、受贈者の行為によって、その目
　　的である財産が滅失し、又はその価格の増減があったときであっても、
　　相続開始の時においてなお原状のままであるものとみなしてこれを定め
　　る。

（寄与分）

第904条の2　共同相続人中に、被相続人の事業に関する労務の提供又は
　　財産上の給付、被相続人の療養看護その他の方法により被相続人の財産
　　の維持又は増加について特別の寄与をした者があるときは、被相続人が
　　相続開始の時において有した財産の価額から共同相続人の協議で定めた
　　その者の寄与分を控除したものを相続財産とみなし、第900条から第902
　　条までの規定により算定した相続分に寄与分を加えた額をもってその者
　　の相続分とする。

2　前項の協議が調わないとき、又は協議をすることができないときは、
　　家庭裁判所は、同項に規定する寄与をした者の請求により、寄与の時
　　期、方法及び程度、相続財産の額その他一切の事情を考慮して、寄与分
　　を定める。

3　寄与分は、被相続人が相続開始の時において有した財産の価額から遺
　　贈の価額を控除した残額を超えることができない。

4　第2項の請求は、第907条第2項の規定による請求があった場合又は
　　第910条に規定する場合にすることができる。

（相続分の取戻権）
第905条　共同相続人の1人が遺産の分割前にその相続分を第三者に譲り
　渡したときは、他の共同相続人は、その価額及び費用を償還して、その
　相続分を譲り受けることができる。
2　前項の権利は、1箇月以内に行使しなければならない。

4 小規模宅地等についての 相続税の課税価格の計算の特例

(1) 特例の制度の概要

　個人が相続または遺贈により取得した財産のうちに、その相続の開始の直前において、その相続もしくは遺贈に係る被相続人またはその被相続人と生計を一にしていたその被相続人の親族（以下「被相続人等」といいます）の事業（準事業（注1）を含みます。）の用または居住の用（注2））に供されていた宅地等（土地または土地の上に存する権利をいいます）で建物または構築物の敷地の用に供されているもの（以下「特例対象宅地等（注3）」といいます）がある場合には、その相続または遺贈により財産を取得した者に係るすべての特例対象宅地等のうち、その個人が取得をした特例対象宅地等またはその一部で本特例の適用を受けることを選択したもの（以下「選択特例対象宅地等」といいます）については、限度面積要件を満たす場合のその選択特例対象宅地等（以下「小規模宅地等」といいます）に限り、相続税の課税価格に算入すべき価額は、通常の方法によって評価した価額に、次に掲げる小規模宅地等の区分に応じ、それぞれに定める割合を乗じて計算した金額とされています。

①　特定事業用宅地等である小規模宅地等、特定居住用宅地等である小規模宅地等および特定同族会社事業用宅地等である小規模宅地等……20%

②　貸付事業用宅地等である小規模宅地等……50%

（注1）　「準事業」とは、事業と称するに至らない不動産の貸付けその他これに類する行為で相当の対価を得て継続的に行うものをいいます。

（注2）　居住の用に供することができない一定の事由により相続の開始の直前においてその被相続人の居住の用に供されていなかった場合におけるその居住の用に供されなくなる直前の被相続人の居住の用を含みます。

（注3）　上記の「特例対象宅地等」とは、具体的には、次の①から④までの宅地等をいうこととされています。

相続開始直前における宅地等の利用状況			特例対象宅地等		限度面積	減額割合
被相続人等の事業の用に供されていた宅地等	貸付事業以外の事業用の宅地等		①	特定事業用宅地等に該当する宅地等	400㎡	80%
	貸付事業用の宅地等	一定の法人の事業用の宅地等	②	特定同族会社事業用宅地等に該当する宅地等	400㎡	80%
			③	貸付事業用宅地等に該当する宅地等	200㎡	50%
		一定の法人の貸付事業用の宅地等	④	貸付事業用宅地等に該当する宅地等	200㎡	50%
		被相続人等の貸付事業用宅地等	⑤	貸付事業用宅地等に該当する宅地等	200㎡	50%
被相続人等の居住の用に供されていた宅地等			⑥	特定居住用宅地等に該当する宅地等	330㎡	80%

（2）特定事業用宅地等

　被相続人等の事業（不動産貸付業、駐車場業、自転車駐車場業および準事業を除きます）の用に供されていた宅地等（その相続開始前3年以内に新たに事業の用に供された宅地等を除きます）で、次のアま

たはイに掲げる要件のいずれかを満たす被相続人の親族が相続または遺贈により取得したもの（その親族が相続または遺贈により取得した持分の割合に応ずる部分に限ります）をいいます。

ア．その親族が、相続開始時から申告期限までの間にその宅地等の上で営まれていた被相続人の事業を引き継ぎ、申告期限まで引き続きその宅地等を所有し、かつ、その事業を営んでいること

イ．その親族が被相続人と生計を一にしていた者であって、相続開始時から申告期限まで引き続きその宅地等を所有し、かつ、相続開始前から申告期限まで引き続きその宅地等を自己の事業の用に供していること

相続開始前3年以内に新たに事業の用に供された宅地等であっても、一定規模以上の事業を行っていた被相続人等の事業の用に供された宅地等は3年以内事業用宅地等には該当しません。

この一定規模以上の事業とは、3年以内に新たに事業の用に供された宅地等の上で事業の用に供されていた建物（付属設備を含みます）または構築物、業務の用に供されていた減価償却資産の価額が、その宅地等の価額の15％以上である事業をいいます。

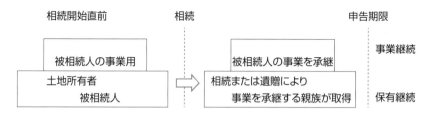

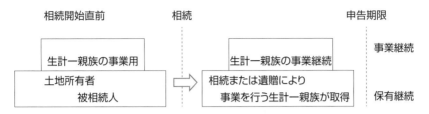

区分	特例の適用要件	
被相続人の事業の用に供されていた宅地等	事業承継・継続	その宅地等の上で営まれていた被相続人の事業を申告期限までに引き継ぎ、かつ、申告期限までその事業を営んでいること
	保有継続要件	その宅地等を相続税の申告期限まで保有していること
被相続人と生計を一にする親族の事業の用に供されていた宅地等	事業継続要件	相続開始の直前から相続税の申告期限まで、その宅地等の上で自己の事業を営んでいること
	保有継続要件	その宅地等を相続税の申告期限まで保有していること

① 被相続人の所有する建物がある場合

事業を行う者	建物の貸借	土地等取得者	事業に関する要件	宅地	特例の内容	減額割合
被相続人	—	親族	被相続人の事業承継・継続	保有継続	特定事業用宅地等	80%
生計一親族	無償	事業を行っている生計一親族	自己の事業継続	保有継続	特定事業用宅地等	80%
生計別親族	無償	事業を行っている生計別親族	自己の事業継続	保有継続	特例非該当	0%
生計一親族	有償	親族	貸付継続	保有継続	貸付事業用宅地等	50%
生計別親族	有償	親族	貸付継続	保有継続	貸付事業用宅地等	50%

② 被相続人と生計を一にする親族の所有する建物がある場合（土地は使用貸借）

事業を行う者	建物の貸借	土地等取得者	事業に関する要件	宅地	特例の内容	減額割合
被相続人	無償	親族	被相続人の事業承継・継続	保有継続	特定事業用宅地等	80%
生計一親族	—	事業を行っている生計一親族	自己の事業継続	保有継続	特定事業用宅地等	80%
生計別親族	無償	事業を行っている生計別親族	自己の事業継続	保有継続	特例非該当	0%
被相続人	有償	親族	貸付継続	保有継続	貸付事業用宅地等	50%
生計別親族	有償	親族	貸付継続	保有継続	貸付事業用宅地等	50%

（3）特定居住用宅地等

　特定居住用宅地等とは、被相続人等の居住の用に供されていた宅地等（その宅地等が2以上ある場合には、1の宅地等に限ります）で、その被相続人の配偶者または次に掲げる要件のいずれかを満たすその被相続人の親族（配偶者を除きます）が相続または遺贈により取得したもの（配偶者が相続または遺贈により取得した持分の割合に応ずる部分または次に掲げる要件を満たす親族が相続または遺贈により取得した持分の割合に応ずる部分に限ります）をいいます。

　ア．その親族が、相続開始の直前においてその宅地等の上に存する被相続人の居住の用に供されていた一棟の建物（被相続人、配偶者または親族が居住していた部分に限ります）に居住していた者であって、相続開始時から申告期限まで引き続きその宅地等を所有し、かつ、その家屋に居住していること

　イ．その親族（被相続人の居住の用に供されていた宅地等を取得した者に限ります）が次に掲げる要件のすべてを満たすこと（被相続人の配偶者または相続開始の直前において被相続人と同居していた民法第5編第2章の規定による相続人（相続の放棄があった場合には、その放棄がなかったものとした場合における相続人）がいない場合に限ります）

　　a．相続開始前3年以内に国内にあるその親族、その親族の配偶者、その親族の3親等内の親族またはその親族と特別の関係がある者が有する株式の総数または出資の総額がその株式または出資に係る法人の発行済株式の総数または出資の総額の10分の5を超える法人等が所有する家屋（相続開始の直前において被相続人の居住の用に供されていた家屋を除きます）に居住した

ことがないこと

　　ｂ．被相続人の相続開始時にその親族が居住している家屋を相続
　　　開始前のいずれの時においても所有していたことがないこと

　　ｃ．相続開始時から申告期限まで引き続きその宅地等を有してい
　　　ること

ウ．その親族が、被相続人と生計を一にしていた者であって、相続
　　開始の時から申告期限まで引き続きその宅地等を所有し、かつ、
　　相続開始前から申告期限まで引き続きその宅地等を自己の居住の
　　用に供していること

① 被相続人の居住の用に供されていた宅地等を配偶者が取得した場
　合

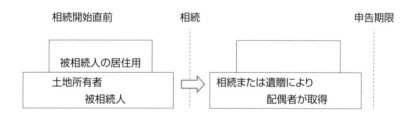

② 被相続人の居住の用に供されていた宅地等を同居親族が取得した
　場合

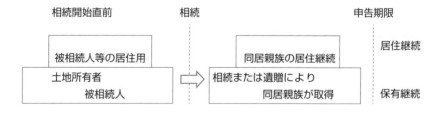

③　被相続人の居住の用に供されていた宅地等を自宅を有しない親族が取得した場合

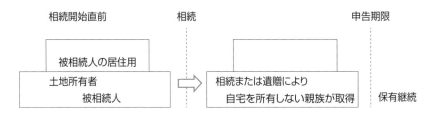

④　生計一親族の居住の用に供されていた宅地等を生計一親族が取得した場合

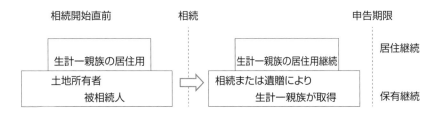

区分		特例の適用要件		
		取得者	取得者ごとの要件	
① 被相続人の居住の用に供されていた宅地等	ア	配偶者	取得者ごとの要件はありません	
	イ	被相続人と同居していた親族	居住継続要件	相続開始の直前から相続税の申告期限まで、引き続きその建物に居住していること
			保有継続要件	その宅地等を相続税の申告期限まで、保有していること
	ウ	ア、イ以外の親族	次の要件をすべて満たすこと ａ．被相続人に配偶者がいないこと ｂ．相続開始直前において被相続人と同居していた相続人がいないこと	

				c．相続開始前3年以内に国内にある自身、配偶者等の所有する家屋に居住したことがないこと		
				d．相続開始時に、取得者が居住している家屋を相続開始前のいずれの時においても所有していたことがないこと		
				e．居住制限納税義務者または非居住制限納税義務者のうち日本国籍を有しない者ではないこと		
				f．その宅地等を相続開始時から相続税の申告期限まで保有していること		
②	被相続人と生計を一にしていた被相続人の親族の居住の用に供されていた宅地等	ア	配偶者	取得者ごとの要件はありません		
		イ	被相続人と生計を一にしていた被相続人の親族	居住継続要件	相続開始の直前から相続税の申告期限まで引き続きその建物に居住していること	
				保有継続要件	その宅地等を相続税の申告期限まで保有していること	

⑤　被相続人所有の建物がある場合

建物居住者	建物の貸借	土地等取得者	継続要件等		特例の内容	減額割合
			居住	保有		
被相続人	―	配偶者	なし		特定居住用宅地等	80%
被相続人	―	同居親族	継続	継続	特定居住用宅地等	80%
被相続人	―	家なき親族	なし	継続	特定居住用宅地等	80%
生計一親族	無償	生計一親族	居住	継続	特定居住用宅地等	80%
生計一親族	無償	配偶者	なし		特定居住用宅地等	80%

⑥　被相続人と生計を一にする親族が所有する建物がある場合（土地は使用貸借）

建物居住者	建物の貸借	土地等取得者	継続要件等		特例の内容	減額割合
			居住	保有		
被相続人等	無償	配偶者	なし		特定居住用宅地等	80%
被相続人等	無償	同居親族	継続	継続	特定居住用宅地等	80%
生計一親族	—	生計一親族	継続	継続	特定居住用宅地等	80%
生計一親族	—	配偶者	なし		特定居住用宅地等	80%

（4）特定同族会社事業用宅地等

　特定同族会社事業用宅地等とは、相続開始の直前において被相続人およびその被相続人の親族その他その被相続人と一定の特別の関係がある者が有する株式の総数または出資の総額がその株式または出資に係る法人の発行済株式の総数または出資の総額の10分の5を超える法人の事業（不動産貸付業、駐車場業、自転車駐車場業および準事業を除きます）の用に供されていた宅地等で、相続または遺贈によりその宅地等を取得した個人のうちにその法人の役員であるその被相続人の親族がおり、その宅地等を取得した親族が相続開始の時から申告期限まで引き続きその宅地等を所有し、かつ、申告期限まで引き続きその法人の事業の用に供されている場合におけるその宅地等（宅地等のうちにこの要件に該当する部分以外の部分があるときは、この要件に該当する部分の宅地等に限ります。また、その親族が相続または遺贈により取得した持分の割合に応ずる部分に限ります）をいいます。

区分	特例の適用要件	
一定の法人の事業の用に供されていた宅地等	法人役員要件	相続税の申告期限においてその法人の役員であること
	保有継続要件	その宅地等を相続税の申告期限まで保有していること

（注）上記の一定の法人とは、相続開始の直前において被相続人および被相続人の親族等（被相続人の親族およびその被相続人と特別の関係のある者）が法人の発行済株式等の総数または出資の総額の50％超を有している法人（相続税の申告期限において清算中の法人を除きます）をいいます。

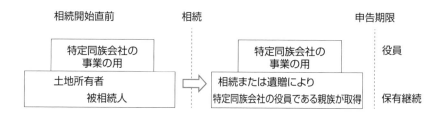

①　特定同族法人が建物を所有している場合

無償返還届	地代支払い	相続税評価	特例の内容	減額割合
届け出あり	相当地代	20% 減額	特定同族会社事業用宅地等	80%
	有償	20% 減額	特定同族会社事業用宅地等	80%
	無償	自用地評価	特例対象宅地等に該当せず	0％
届け出なし	相当地代	20% 減額	特定同族会社事業用宅地等	80%
	有償	貸宅地評価	特定同族会社事業用宅地等	80%
	無償	貸宅地評価	特例対象宅地等に該当せず	0％

② 被相続人等または被相続人と生計を別にする親族が所有する建物を特定同族法人が借りて事業を行っている場合（土地は使用貸借）

建物所有者	建物貸借	特例の内容	要件			減額割合
			土地等取得者	役員	保有	
被相続人等	相当な対価を得て継続的	特定同族会社事業用宅地等	役員である親族	役員	保有継続	80%
	無償	特例対象宅地等に該当せず				0％
生計別親族	有償・無償を問わず	特例対象宅地等に該当せず				0％

（5）貸付事業用宅地等

貸付事業用宅地等とは、被相続人等の事業（不動産貸付業、駐車場業、自転車駐車場業および準事業に限ります。以下「貸付事業」といいます）の用に供されていた宅地等で、次に掲げる要件のいずれかを満たす被相続人の親族が相続または遺贈により取得したもの（特定同族会社事業用宅地等および相続開始前3年以内に新たに貸付事業の用に供された宅地等（相続開始の日まで3年を超えて引き続き事業的規模で貸付事業を行っていた被相続人等の貸付事業の用に供されたものを除きます）を除き、その親族が相続または遺贈により取得した持分の割合に応ずる部分に限ります）をいいます。

ア．その親族が、相続開始の時から申告期限までの間にその宅地等に係る被相続人の貸付事業を引き継ぎ、申告期限まで引き続きその宅地等を有し、かつ、その貸付事業の用に供していること

イ．被相続人の親族がその被相続人と生計を一にしていた者であって、相続開始時から申告期限まで引き続きその宅地等を有し、かつ、相続開始前から申告期限まで引き続きその宅地等を自己の貸

55

付事業の用に供していること

① 被相続人の貸付事業の用

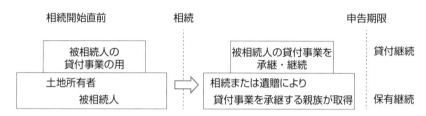

③ 被相続人と生計を一にする親族の貸付事業の用

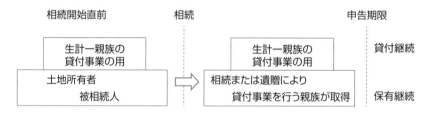

区分		特例の適用要件
被相続人の貸付事業の用に供されていた宅地等	事業承継要件	その宅地等に係る被相続人の貸付事業を相続税の申告期限までに引き継ぎ、かつ、その申告期限までその貸付事業を行っていること
	保有継続要件	その宅地等を相続税の申告期限まで有していること
被相続人と生計を一にしていた被相続人の親族の貸付事業の用に供されていた宅地等	事業継続要件	相続開始前から相続税の申告期限まで、その宅地等に係る貸付事業を行っていること
	保有継続要件	その宅地等を相続税の申告期限まで有していること

（注1）「準事業」とは、事業と称するに至らない不動産の貸付けその他これに

類する行為で相当の対価を得て継続的に行うものをいいます。
（注2）　相続開始前3年以内に新たに貸付事業の用に供された宅地等であって
　　　も、相続開始の日まで3年を超えて引き続き特定貸付事業（貸付事業のうち準
　　　事業以外のものをいいます。以下同じ）を行っていた被相続人等のその特定貸
　　　付事業の用に供された宅地等については、3年以内貸付宅地等に該当しません。

建物居住者	土地等貸借	建物貸借	相続税評価	特例の内容	土地等取得者	要件		減額割合
						事業	保有	
被相続人	—	有償	貸家建付地	貸付事業用宅地等（被相続人建物貸付）	親族	貸付継続	保継続有	50%
生計一親族	有償	有償・無償に関係なく	貸宅地	貸付事業用宅地等（被相続人建物貸付）	親族	貸付継続	保有継続	50%
生計一親族	無償	有償	自用地	貸付事業用宅地等（生計一親族建物貸付）	親族	貸付継続	保有継続	50%
被相続人等以外	無償	有償・無償に関係なく	自用地	非該当	—	—	—	—

（6）特例対象宅地等の選択

　この特例の適用を受けるための「選択」は、この特例の適用を受け
ようとする個人が相続または遺贈により取得した特例対象宅地等につ
いて、①その相続または遺贈により特例対象宅地等を取得した個人が
2人以上いる場合と②それ以外の場合の区分に応じて、次に定める書
類を相続税の申告書に添付することにより行うものとされています。

①	その相続または遺贈により特例対象宅地等を取得した個人が2人以上いる場合	イ	選択をしようとする特例対象宅地等について小規模宅地等の区分その他の明細を記載した書類
		ロ	選択をしようとする特例対象宅地等が限度面積要件のいずれか一の要件を満たす旨を記載した書類
		ハ	特例対象宅地等を取得したすべての者のこの選択についての同意を証する書類
②	上記①以外の場合	イ	選択をしようとする特例対象宅地等について小規模宅地等の区分その他の明細を記載した書類
		ロ	選択をしようとする特例対象宅地等が限度面積要件のいずれか一の要件を満たす旨を記載した書類

（7）限度面積要件

　相続または遺贈により特例対象宅地等を取得した者に係る選択特例対象宅地等の次の区分に応じ、それぞれ限度面積要件が定められています。

①　選択特例対象宅地等が特定事業用宅地等または特定同族会社事業用宅地等（「特定事業用等宅地等」といいます）である場合……その選択特例対象宅地等の面積の合計が400㎡以下であること

②　選択特例対象宅地等が特定居住用宅地等である場合……その選択特例対象宅地等の面積の合計が330㎡以下であること

③　選択特例対象宅地等が貸付事業用宅地等である場合……次のア、イおよびウの面積の合計が200㎡以下であること

　ア．特定事業用等宅地等である選択特例対象宅地等の面積の合計×200／400

　イ．特定居住用宅地等である選択特例対象宅地等の面積の合計×200／330

ウ．貸付事業用宅地等である選択特例対象宅地等の面積の合計

特例の適用を選択する宅地等	限度面積
ア　貸付事業用宅地等の選択がない場合 　a．特定事業用宅地等 　b．特定同族会社事業用宅地等 　c．特定居住用宅地等	$a+b\ \leqq\ 400\text{㎡}$ $c\ \leqq\ 330\text{㎡}$
イ　貸付事業用宅地等を選択する場合 　貸付事業用宅地等およびそれ以外の宅地等	$(a+b)\times200\text{㎡}/400\text{㎡}$ $+c\times200\text{㎡}/330\text{㎡}$ ＋貸付事業用宅地等の面積の合計 $\leqq200\text{㎡}$

（8）特例対象宅地等の分割要件

　この特例の適用を受けるためには、相続税の申告書の提出期限（相続の開始があったことを知った日の翌日から10か月）までに共同相続人または包括受遺者によって特例の対象となる宅地等が分割されていることが必要となりますので、その申告書の提出期限までに分割されていない場合には、この特例の適用を受けられないことになります。

　なお、相続税の申告期限までに分割されていない宅地等が申告期限から3年以内に分割された場合には、この特例の適用を受けることが認められます。さらに、3年以内にその宅地等が分割されなかったことにつき、やむを得ない事情がある場合において、納税地の所轄税務署長の承認を受けたときには、分割できることとなった日の翌日から4か月以内に分割された場合にもこの特例の適用が認められます。

　また、申告の時点において未分割であったため、この小規模宅地等についての相続税の課税価格の計算の特例を適用しないで申告をしていた場合において、遺産分割が行われ、この特例を適用して計算した相続税額が当初に申告した相続税額よりも減少することとなったとき

は、そのことを知った日から４か月以内に限り、納税地の所轄税務署長に対して、更正の請求をすることができることとされています

（9）申告要件等

　この小規模宅地等についての相続税の課税価格の計算の特例の適用を受けるには、相続税の申告書に、この特例の適用を受けようとする旨を記載し、小規模宅地等に係る計算の明細等の書類を相続税の申告書に添付することが必要とされています。

　この特例を適用しようとする場合に相続税の申告書に添付することとされている書類について、個人番号制度の導入に伴い、住民票の写しを省略するなどの見直しが行われました。

　具体的には次のとおりとされ、個人番号を有しない場合を除き、住民票の写しおよび戸籍の附票の写しの添付が省略されました。

① 　計算明細書
② 　租税特別措置法第69条の４第３項第２号イまたはハの親族が個人番号を有しない場合には、特定居住用宅地等である小規模宅地等を自己の居住の用に供していることを明らかにする書類
③ 　租税特別措置法第69条の４第３項第２号ロの親族が個人番号を有しない場合には、相続開始前３年以内の住所を明らかにする書類
④ 　相続開始前３年以内に③の親族が居住していた家屋が自己またはその配偶者の所有する家屋でないことを証する書類

第4章

財産の評価

1 財産評価の基本

　相続税法における時価評価については、相続税法22条において「相続、遺贈又は贈与により取得した財産の価額は、当該財産の取得の時における時価により、当該財産の価額から控除すべき債務の金額は、その時の現況による」と一般的な時価主義の原則を規定しているにとどまり、相続税法自体は、地上権、永小作権、定期金に関する権利等の特定の財産についてのみ評価方法を定めています。

　その他の財産については、財産評価基本通達において、具体的な評価方法が定められており、通常の場合、この財産評価基本通達により評価を行います。

2 宅地の評価

（1）宅地の評価

① 宅地の評価単位

　宅地の評価は、１画地の宅地ごとに行います。１画地とは「利用の単位となっている１区画の宅地」をいいます。１筆単位ではありません。たとえば２筆の宅地の上に１棟の建物がある場合には、２筆を１画地とし、また１筆の宅地の上に居宅と貸家の２棟の建物を建てている場合は、居宅の敷地と貸家の敷地を分けてそれぞれ１画地として評価します。

② 評価方式

　評価方式には、路線価方式と倍率方式とがあります。

　ア．路線価方式

　　路線価方式は、主に市街地の宅地の評価に適用されます。評価対象の宅地の面する道路に付された路線価（路線価とは宅地の価額がおおむね同一と認められる一連の宅地が面している路線ごとに売買実例価額、精通者意見価格を基にして設定された１㎡当たりの価額をいいます）を基礎として、その宅地の形状等に応じた調整を行いつつ評価します（p.66〜67参照）。この路線価を毎年７月に国税庁が発表し、路線価図（各地域ごとの路線価が表示されている図）が各税務署に配備され閲覧に供されています。

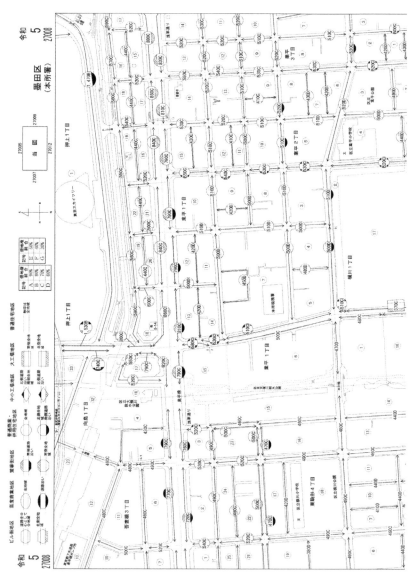

（注）たとえば、440Cとは、その路線に面する土地の評価額が1㎡当たり440千円で、借地権割合が70%であることを意味します。

国税庁のホームページでも閲覧することができます。

http://www.nta.go.jp/　令和6年度の路線価は、7月初旬に公開される予定です。

［留意点］路線価は公示価格の80%を目処に定められることになっています。

64

路線価方式の評価手順

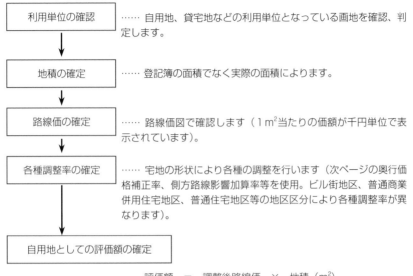

利用単位の確認	…… 自用地、貸宅地などの利用単位となっている画地を確認、判定します。
地積の確定	…… 登記簿の面積でなく実際の面積によります。
路線価の確定	…… 路線価図で確認します（1㎡当たりの価額が千円単位で表示されています）。
各種調整率の確定	…… 宅地の形状により各種の調整を行います（次ページの奥行価格補正率、側方路線影響加算率等を使用。ビル街地区、普通商業併用住宅地区、普通住宅地区等の地区区分により各種調整率が異なります）。
自用地としての評価額の確定	…… 評価額 ＝ 調整後路線価 × 地積（㎡）

イ．倍率方式

　土地の固定資産税評価額として固定資産課税台帳に登録されている価額に、国税局長の定める地域ごとの倍率を乗じて評価する方法で、主に農地・山林等、路線価の付いていない土地についての評価方法です（p.74参照）。

評価額 ＝ 固定資産税評価額 × 国税局長の定める評価倍率

　各地域の評価倍率表が、各税務署に配備されています。

［国税庁のホームページでも閲覧することができます。］

奥行価格補正率表

地区区分 奥行距離(m)	ビル街地区	高度商業地区	繁華街地区	普通商業・併用住宅地区	普通住宅地区	中小工場地区	大工場地区
4 未満	0.80	0.90	0.90	0.90	0.90	0.85	0.85
4 以上 6 未満		0.92	0.92	0.92	0.92	0.90	0.90
6 〃 8 〃	0.84	0.94	0.95	0.95	0.95	0.93	0.93
8 〃 10 〃	0.88	0.96	0.97	0.97	0.97	0.95	0.95
10 〃 12 〃	0.90	0.98	0.99	0.99	1.00	0.96	0.96
12 〃 14 〃	0.91	0.99	1.00	1.00		0.97	0.97
14 〃 16 〃	0.92	1.00				0.98	0.98
16 〃 20 〃	0.93					0.99	0.99
20 〃 24 〃	0.94					1.00	1.00
24 〃 28 〃	0.95				0.97		
28 〃 32 〃	0.96		0.98		0.95		
32 〃 36 〃	0.97		0.96	0.97	0.93		
36 〃 40 〃	0.98		0.94	0.95	0.92		
40 〃 44 〃	0.99		0.92	0.93	0.91		
44 〃 48 〃	1.00		0.90	0.91	0.90		
48 〃 52 〃		0.99	0.88	0.89	0.89		
52 〃 56 〃		0.98	0.87	0.88	0.88		
56 〃 60 〃		0.97	0.86	0.87	0.87		
60 〃 64 〃		0.96	0.85	0.86	0.86	0.99	
64 〃 68 〃		0.95	0.84	0.85	0.85	0.98	
68 〃 72 〃		0.94	0.83	0.84	0.84	0.97	
72 〃 76 〃		0.93	0.82	0.83	0.83	0.96	
76 〃 80 〃		0.92	0.81	0.82			
80 〃 84 〃		0.90	0.80	0.81	0.82	0.93	
84 〃 88 〃		0.88		0.80			
88 〃 92 〃		0.86			0.81	0.90	
92 〃 96 〃	0.99	0.84					
96 〃 100 〃	0.97	0.82					
100 〃	0.95	0.80			0.80		

側方路線影響加算率表

地区区分		ビル街地区	高度商業地区／繁華街地区	普通商業・併用住宅地区	普通住宅地区／中小工場地区	大工場地区
加算率	角地の場合	0.07	0.10	0.08	0.03	0.02
	準角地(※)の場合	0.03	0.05	0.04	0.02	0.01

※準角地とは、下図のように一系統の路線の屈折部の内側に位置するものをいう。

二方路線影響加算率表

地区区分	ビル街地区	高度商業地区／繁華街地区	普通商業・併用住宅地区	普通住宅地区／中小工場地区／大工場地区
加算率	0.03	0.07	0.05	0.02

（2）路線価方式による評価額の計算例（単位：円）

① 一方のみが路線に接する宅地

◆普通住宅地区の場合

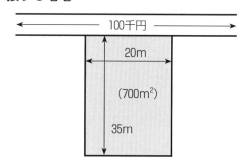

ア．1㎡当たりの価額

路線価 × 奥行35mに応ずる奥行価格補正率※ = 1㎡当たり価額
(100,000)　　　　　　　(0.93)　　　　　　　　　(93,000)

※宅地の奥行に応じて定められた補正率（p.66の奥行価格補正率表による）

イ．評価額

1㎡当たり価額 × 地積 = 65,100,000
(93,000)　　　　(700m²)

② 正面と側方に路線がある宅地

　正面と側方に路線がある宅地の価額は、一方のみが路線に面している宅地より利用価値が高いので次のアおよびイにより評価します。

　2つ以上の路線に接している宅地の評価において、正面路線価とは、路線価×奥行価格補正率として求めた金額が大きいほうの路線の路線価をいいます。

◆普通商業・併用住宅地区の場合

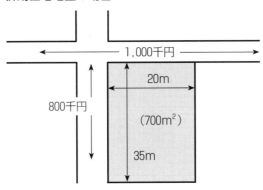

ア．1㎡当たりの価額

　a．1,000千円×0.97＞800千円×1.0　∴ 1,000千円が正面路線

　b．正面路線価

　　　奥行価格補正率　1,000,000 × 0.97 ＝ 970,000

　c．側方路線価

　　　奥行価格補正率　800,000 × 1.00 × 0.08※ ＝ 64,000
　※　側方路線影響加算率…側方にも路線があることによる価値の増加割合で
　　地域ごとに定められています（p.67　側方路線影響加算率表による）。

　d．1㎡当たりの価額

　　　　　（b）　＋　（c）　＝　1,034,000

イ．評価額

　　　1㎡当たり価額　×　地積　＝ 723,800,000
　　　（1,034,000）　　（700m²）

③　正面と裏面に路線がある宅地

　正面と裏面に路線がある宅地の価額は、一方のみが路線に面している宅地より利用価値が高いので次のアおよびイにより評価します。

◆普通商業・併用住宅地区の場合

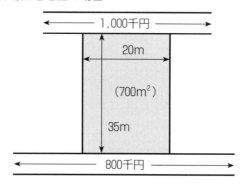

　ア．正面路線１㎡当たりの価額

　　a．
　　　　奥行価格補正率　1,000,000　×　0.97　＝　970,000

　　b．
　　　　裏面路線価　×　奥行価格補正率　×　二方路線影響加算率※　＝ 38,800
　　　　（800,000）　　　（0.97）　　　　　（0.05）
　　　　※　裏面にも路線があることによる価値の増加割合（p.67　二方路線影響加算率表による）

　　c．１㎡当たりの価額

　　　　（a）＋（b）＝ 1,008,800（評価額）

　イ．評価額

　　　　１m²当たり価額　×　　地積　　＝ 706,160,000
　　　　（1,008,800）　　　（700m²）

（3）貸宅地の評価（借地権の発生している宅地の評価）

　自己の所有地に他人に家屋を建てさせて、地代を収受すると借地権が発生します。

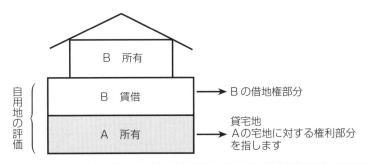

　借地権割合（自用地としての価額に対する借地権の価額の割合）は、各地域ごとに国税局長の定めた割合によります（路線価図にA～Gの記号で表示されています）。

（4）貸家建付地の評価

　貸家建付地とは、自己の所有地に自己が建築した家屋を、他人に貸している場合のその宅地をいいます。

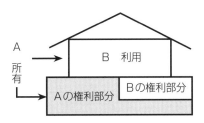

貸家建付地の評価額＝自用地評価額×（1－借地権割合×借家権割合[※]
×賃貸割合）

※　東京国税局管内の借家権割合は30％です。賃貸割合は賃貸部分の床面積割合で、全室賃貸している場合は1.0、半分賃貸している場合は0.5となります。

（5）借地権の評価

借地権とは、建物の所有を目的とする地上権および賃借権をいいます。

借地権の評価　＝　自用地評価額　×　借地権割合

土地及び土地の上に存する権利の評価明細書（第1表）

局(所)	署	年分	ページ

（平成三十一年一月分以降用）

（住居表示）	（　　　）	所有者	住所（所在地）		使用者	住所（所在地）	
所在地番			氏名（法人名）			氏名（法人名）	

地目		地積	路線価				地形図及び参考事項
宅地　山林 田　雑種地 畑　（　　）		㎡	正面　円	側方　円	側方　円	裏面　円	

| 間口距離 | m | 利用区分 | 自用地　私道
貸宅地　貸家建付借地権
貸家建付地　転貸借地権
借地権（　　） | 地区区分 | ビル街地区　普通住宅地区
高度商業地区　中小工場地区
繁華街地区　大工場地区
普通商業・併用住宅地区 | |
| 奥行距離 | m | | | | | |

				(1㎡当たりの価額) 円	
自 用 地 1 平 方 メ ー ト ル 当 た り の 価 額	1　一路線に面する宅地 　（正面路線価）　　　（奥行価格補正率） 　　　円　×			A
	2　二路線に面する宅地 　（A）　　［側方・裏面 路線価］（奥行価格補正率）［側方・二方 路線影響加算率］ 　　円　+　　　　円　×　　　×　0.		(1㎡当たりの価額) 円	B
	3　三路線に面する宅地 　（B）　　［側方・裏面 路線価］（奥行価格補正率）［側方・二方 路線影響加算率］ 　　円　+　　　　円　×　　　×　0.		(1㎡当たりの価額) 円	C
	4　四路線に面する宅地 　（C）　　［側方・裏面 路線価］（奥行価格補正率）［側方・二方 路線影響加算率］ 　　円　+　　　　円　×　　　×　0.		(1㎡当たりの価額) 円	D
	5-1　間口が狭小な宅地等 　（AからDまでのうち該当するもの）（間口狭小補正率）（奥行長大補正率） 　　円　×　　　　×		(1㎡当たりの価額) 円	E
	5-2　不整形地 　（AからDまでのうち該当するもの）　不整形地補正率※ 　　円　× ※不整形地補正率の計算 （想定整形地の間口距離）（想定整形地の奥行距離）（想定整形地の地積） 　　　m　×　　　m　=　　　㎡ （想定整形地の地積）（不整形地の地積）（想定整形地の地積）　　（かげ地割合） 　（　　㎡　-　　㎡）÷　　㎡　=　　　% （不整形地補正率表の補正率）（間口狭小補正率）　　　　　　　不整形地補正率 　　0.　　　×　　　　=　0.　①　（①、②のいずれか低い率、0.6を下限とする。） （奥行長大補正率）（間口狭小補正率） 　　0.　　　×　　　　=　0.　②　　　　0.		(1㎡当たりの価額) 円	F
	6　地積規模の大きな宅地 　（AからFまでのうち該当するもの）　規模格差補正率※ 　　円　× ※規模格差補正率の計算 （地積（Ⓐ）　（Ⓑ）　（Ⓒ）　（地積（Ⓐ））　（小数点以下2位未満切捨て） （　　㎡×　　+　）÷　　㎡　×　0.8　=　0.		(1㎡当たりの価額) 円	G
	7　無道路地 　（F又はGのうち該当するもの）　　　　（※） 　　円　×　（　1　-　0.　） ※割合の計算（0.4を上限とする。）（F又はGのうち該当するもの）（評価対象地の地積） （正面路線価）　（通路部分の地積） 　　円　×　　㎡）÷（　　円　×　　㎡）= 0.		(1㎡当たりの価額) 円	H
	8-1　がけ地等を有する宅地　　［南、東、西、北］ 　（AからHまでのうち該当するもの）（がけ地補正率） 　　円　×		(1㎡当たりの価額) 円	I
	8-2　土砂災害特別警戒区域内にある宅地 　（AからHまでのうち該当するもの）　特別警戒区域補正率※ 　　円　× ※がけ地補正率の適用がある場合の特別警戒区域補正率の計算（0.5を下限とする。） （特別警戒区域補正率表の補正率）（がけ地補正率）　［南、東、西、北］（小数点以下2位未満切捨て） 　　0.　　　×　　0.　=　0.		(1㎡当たりの価額) 円	J
	9　容積率の異なる2以上の地域にわたる宅地 　（AからJまでのうち該当するもの）（控除割合（小数点以下3位未満四捨五入）） 　　円　×　（　1　-　0.　　）		(1㎡当たりの価額) 円	K
	10　私道 　（AからKまでのうち該当するもの） 　　円　×　0.3		(1㎡当たりの価額) 円	L

自用地の評価額	自用地1平方メートル当たりの価額 （AからLまでのうちの該当記号）　円	地積　㎡	総額 （自用地1㎡当たりの価額）×（地積）　円	M

(注)　1　5-1の「間口が狭小な宅地等」と5-2の「不整形地」は重複して適用できません。
　　2　5-2の「不整形地」の「AからDまでのうち該当するもの」欄の価額について、AからDまでの欄で計算できない場合には、（第2表）の「備考」欄で計算してください。
　　3　「がけ地等を有する宅地」であり、かつ、「土砂災害特別警戒区域内にある宅地」である場合については、8-1の「がけ地等を有する宅地」欄ではなく、8-2の「土砂災害特別警戒区域内にある宅地」欄で計算してください。

(資4-25-1-A4統一)

73

3 農地の評価

　農地は次に掲げる農地のいずれかに分類して、各々評価します。

① 　純農地……その農地の固定資産税評価額 × 倍率（倍率方式）

② 　中間農地……その農地の固定資産税評価額 × 倍率（倍率方式）

③ 　市街地周辺農地……下記④の市街地農地の評価 × 80／100

④ 　市街地農地

　ア．原則的評価方法

　　（農地が宅地であるとした場合の 1 ㎡当たりの価額 − その農地
　　を宅地に転用する場合において通常必要と認められる 1 ㎡当たり
　　の造成費）×地積

　イ．倍率が定められている場合

　　その農地の固定資産税評価額×倍率

4 家屋の評価

　家屋の評価は原則として１棟の家屋ごとに評価します。

①　自用家屋の評価……固定資産税評価額×倍率（1.0）

②　貸家の評価

　借家権の目的となっている家屋の評価は、次によります。

　自用家屋の評価×（１－借家権割合×賃貸割合）

③　借家権

　借家権とは、賃貸借契約により他人から家屋を借り入れている場合の権利部分をいいます。

　自用家屋の評価×借家権割合×賃借割合

　借家権の価額は、その権利が権利金等の名称をもって取引される慣行のある地域にあるものを除き、借家権としては相続税または贈与税の課税価格に算入しないこととなっています。

［留意点］

　家屋の固定資産税評価額は、一般的に建築費よりかなり低い（６割〜５割くらい）のが現状です。

5 居住用の区分所有財産の評価

［国税庁ホームページより（一部修正）］

　令和6年1月1日以後に相続、遺贈または贈与により取得した「居住用の区分所有財産」（いわゆる分譲マンション）の価額は、新たに定められた個別通達により評価します。

（1）評価方法の概要

① 概要

　居住用の区分所有財産（一室の区分所有権等）（注1）の価額は、次の算式のとおり評価します。

（注1）「居住用の区分所有財産（一室の区分所有権等）」とは、一棟の区分所有建物（区分所有者が存する家屋で、居住の用に供する専有部分（注2）のあるものをいいます。以下同じ）に存する居住の用に供する専有部分（注2）一室に係る区分所有権（家屋部分）および敷地利用権（土地部分）をいいます。

（注2）「居住の用に供する専有部分」とは、一室の専有部分について、構造上、主として居住の用途に供することができるものをいい、原則として、登記簿上の種類に「居宅」を含むものがこれに該当します。

┌─【算式（自用の場合）】───────────────────
│ 価額 ＝ 区分所有権の価額（①）＋ 敷地利用権の価額（②）
│ ①　従来の区分所有権の価額※×区分所有補正率（(2)の③参照）
│ ※　家屋の固定資産税評価額×1.0
│ ②　従来の敷地利用権の価額※×区分所有補正率（(2)の③参照）
│ ※　路線価を基とした1㎡当たりの価額×地積 ×　敷地権の割合
│ 　　　（固定資産税評価額 × 評価倍率）　　（共有持分の割合）
└───────────────────────────────

　なお、居住用の区分所有財産が貸家および貸家建付地である場合の
その貸家および貸家建付地の評価ならびに小規模宅地等の特例の適用
については、この個別通達の適用後の価額（上記①および②の価額）
を基に行うこととなります。

②　この個別通達の適用がないもの

・構造上、主として居住の用途に供することができるもの以外のもの
　（事業用のテナント物件など）

・区分建物の登記がされていないもの（一棟所有の賃貸マンションな
　ど）

・地階（登記簿上「地下」と記載されているものをいう。以下同じ）
　を除く総階数が2以下のもの（総階数2以下の低層の集合住宅な
　ど）

・一棟の区分所有建物に存する居住の用に供する専有部分一室の数が
　3以下であって、そのすべてを区分所有者またはその親族の居住の
　用に供するもの（いわゆる二世帯住宅など）

・棚卸商品等に該当するもの

（注）　借地権付分譲マンションの敷地の用に供されている「貸宅地（底
　　　地）」の評価をする場合などにも、この個別通達の適用はありません。

（2）区分所有補正率の計算方法

　区分所有補正率は、①評価乖離率、②評価水準、③区分所有補正率の順に、以下のとおり計算します。

①　評価乖離率

$$評価乖離率 ＝ A ＋ B ＋ C ＋ D ＋ 3.220$$

A……一棟の区分所有建物の築年数[※] × △0.033

　※　建築の時から課税時期までの期間（1年未満の端数は1年）

B……一棟の区分所有建物の総階数指数[※]×0.239（小数点以下第4位切捨て）

　※　総階数（地階を含みません。）を 33 で除した値（小数点以下第4位切捨て、1を超える場合は1）

C……一室の区分所有権等に係る専有部分の所在階[※] × 0.018

　※　専有部分がその一棟の区分所有建物の複数階にまたがる場合（いわゆるメゾネットタイプの場合）には、階数が低い方の階

　なお、専有部分の所在階が地階である場合には、零階とし、Cの値は零

D……一室の区分所有権等に係る敷地持分狭小度 × △1.195（小数点以下第4位切上げ）

敷地持分狭小度＝敷地利用権の面積[※]÷専有部分の面積（床面積）
（小数点以下第4位切上げ）

※　敷地利用権の面積は、次の区分に応じた面積（小数点以下第3位切上げ）
　①　一棟の区分所有建物に係る敷地利用権が敷地権である場合

　　一棟の区分所有建物の敷地の面積 × 敷地権の割合

② 上記①以外の場合

　　一棟の区分所有建物の敷地の面積 × 敷地の共有持分の割合

（注）　評価乖離率が零または負数の場合には、区分所有権および敷地利
　　　用権の価額は評価しない（評価額を零とする）こととしています
　　　（敷地利用権については、下記③（注）の場合を除きます。）。

② **評価水準**

$$評価水準（評価乖離率の逆数）＝ 1 ÷ 評価乖離率$$

③ **区分所有補正率**

区　分	区分所有補正率
評価水準 < 0.6	評価乖離率 × 0.6
0.6 ≦ 評価水準 ≦ 1	補正なし（従来の評価額で評価）
1 < 評価水準	評価乖離率

（注）　区分所有者が一棟の区分所有建物に存するすべての専有部分および
　　　一棟の区分所有建物の敷地のいずれも単独で所有している場合には、
　　　敷地利用権に係る区分所有補正率は1を下限とします（区分所有権に
　　　係る区分所有補正率には下限はありません）。

○　区分所有補正率は、国税庁ホームページに掲載している「居住用の区
　　分所有財産の評価に係る区分所有補正率の計算明細書」により簡便に計
　　算することができます。

6 株式の評価

（1）上場株式

　上場株式とは全国の証券取引所のいずれかに上場されている株式をいいます。

　次に掲げるもののうち、最も低い価額によって評価します。

① 課税時期の最終価格（終値）
② 課税時期の属する月の毎日の最終価格の月平均
③ 課税時期の属する月の前月の毎日の最終価格の月平均
④ 課税時期の属する月の前々月の毎日の最終価格の月平均

　課税時期とは、相続、遺贈もしくは、贈与により財産を取得した日をいいます。

（注）　店頭登録株式等は気配相場のある株式として、上場株式に準じた方法により評価します。

（2）取引相場のない株式

　取引相場のない株式とは、上場株式および店頭登録株式等以外の株式をいいます。

① 株主の区分による評価方式の判定

　取引相場のない株式については、株式を取得した株主が、その株式

の発行法人に対して経営支配力を有している場合には、原則的評価方式、それ以外の少数株主の場合には、配当還元方式によります。

　ア．大株主の扱い

　　　経営支配力を有している大株主は、その所有する株式について原則的評価方式によって評価します。

　　　原則的評価方式は、上場会社の株価に比準して評価する類似業種比準方式と、会社の純資産価額で評価する純資産価額方式、さらにこれら2つの折衷方式の3通りの方式があります。

　　　基本的考え方として、会社の規模が大きい会社は、上場会社の株価に比準して評価する類似業種比準方式、規模の小さい会社は純資産価額で評価する純資産価額方式、中間規模の会社は両方式の折衷方式で評価することになっています。

　イ．少数株主の扱い

　　　一方、少数株主は経営支配権を有していないので、その所有する株式は単に配当を期待する権利でしかありません。したがって少数株主の所有する株式は、2年間の平均配当を10％の期待利回りで還元して評価する配当還元方式によって評価します。

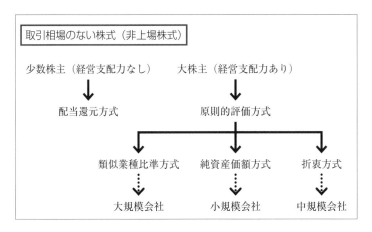

経営支配力を有しているかどうかは、取得後の持株比率をもとに下図のように判定されます。

すなわち同族株主がいる会社か、いない会社かによって判定が異なってきます。「同族株主」とは、株主グループの有する議決権の合計数が、その会社の議決権総数の30％以上である場合のそ

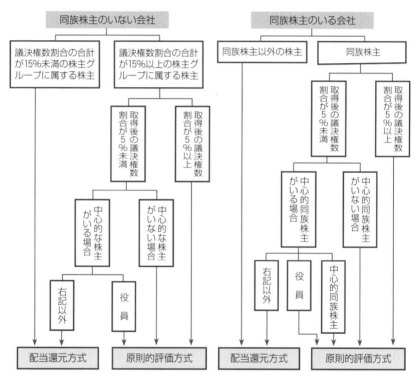

＊1 「株主グループ」とは、株主の1人およびその同族関係者のグループをいいます。

＊2 「中心的同族株主」とは、同族株主のいる会社で、同族株主の1人ならびに配偶者、直系血族、兄弟姉妹および一親等の姻族（これらの者が、議決権総数の25％以上を有している一定の会社を含みます）の有する議決権の合計数が、その会社の議決権総数の25％以上である場合におけるその株主をいいます。

＊3 「中心的株主」とは、同族株主のいない会社の議決権総数の15％以上を有している株主グループのなかで、単独で10％以上所有している株主がいる場合のその株主をいいます。

＊4 役員とは、社長、副社長、専務取締役、常務取締役、監査役などをいい、単なる取締役や使用人兼務役員は除かれます。

の株主グループに属する株主をいいます。ただし、筆頭株主グループの議決権割合が、50%超の場合には、そのグループに属する株主だけが、同族株主となり、その他の株主はすべて同族株主以外の株主となります。

② 会社の規模による評価方式の判定

ア．原則的評価方式は会社の規模に応じて、原則として大会社は類似業種比準方式、中会社は類似業種比準方式と純資産価額方式との併用方式、小会社は純資産価額方式によって評価されます。

イ．会社の規模は、次の表により大会社、中会社、小会社に区分します。

総資産価額および従業員数による判定と、取引金額による判定が異なる場合は、いずれか上位の区分になります。

規模区分	区分の内容		総資産価額（帳簿価額によって計算した金額）および従業員数	直前期末以前1年間における取引金額	会社の規模とLの割合（※）	原則的評価方式
大会社	従業員数が70人以上の会社または右のいずれかひとつに該当する会社	卸売業	20億円以上（従業員数が35人以下の会社を除く）	30億円以上	大会社	類似業種比準方式（純資産価額方式の選択可）
		小売・サービス業	15億円以上（従業員数が35人以下の会社を除く）	20億円以上		
		卸売業、小売・サービス業以外	15億円以上（従業員数が35人以下の会社を除く）	15億円以上		
中会社	従業員数が70人未満の会社で右のいずれかひとつに該当する会社（大会社に該当する場合を除く）	卸売業	7,000万円以上（従業員数が5人以下の会社を除く）	2億円以上30億円未満	中会社（Lの割合）0.90 0.75 0.60	類似業種比準方式×L＋純資産価額方式×（1－L）（純資産価額方式の選択可）
		小売・サービス業	4,000万円以上（従業員数が5人以下の会社を除く）	6,000万円以上20億円未満		
		卸売業、小売・サービス業以外	5,000万円以上（従業員数が5人以下の会社を除く）	8,000万円以上15億円未満		

小会社	従業員数が70人未満の会社で右のいずれにも該当する会社	卸売業	7,000万円未満または従業員数が5人以下	2億円未満	小 会 社	純資産価額方式（Lを0.5として中会社の評価方式により評価可）
		小売・サービス業	4,000万円未満または従業員数が5人以下	6,000万円未満		
		卸売業、小売・サービス業以外	5,000万円未満または従業員数が5人以下	8,000万円未満		

※類似業種比準価額のウエイトを、Lの割合といいます。

③　中会社におけるＬの割合

中会社におけるＬの割合は次のそれぞれに定める割合のうち、いずれか大きいほうの割合とします。

総資産価額（帳簿価額によって計算した金額）および従業員数に応ずる割合

卸 売 業	小売・サービス業	卸売業、小売・サービス業以外	割合
4億円以上（従業員数が35人以下の会社を除く）	5億円以上（従業員数が35人以下の会社を除く）	5億円以上（従業員数が35人以下の会社を除く）	0.90
2億円以上（従業員数が20人以下の会社を除く）	2億5,000万円以上（従業員数が20人以下の会社を除く）	2億5,000万円以上（従業員数が20人以下の会社を除く）	0.75
7,000万円以上（従業員数が5人以下の会社を除く）	4,000万円以上（従業員数が5人以下の会社を除く）	5,000万円以上（従業員数が5人以下の会社を除く）	0.60

直前期末以前1年間における取引金額に応ずる割合

卸 売 業	小売・サービス業	卸売業、小売・サービス業以外	割合
7億円以上30億円未満	5億円以上20億円未満	4億円以上15億円未満	0.90
3億5,000万円以上7億円未満	2億5,000万円以上5億円未満	2億円以上4億円未満	0.75
2億円以上3億5,000万円未満	6,000万円以上2億5,000万円未満	8,000万円以上2億円未満	0.60

④　類似業種比準方式

　類似業種比準方式は、評価会社と同じ業種の上場会社の平均株価に
比準割合を乗じて計算します。比準割合は、1株当たりの配当・利
益・簿価純資産の評価会社と上場会社の各数値の比率の平均値を使い
ます。具体的な計算式は次のとおりです（なお計算式中の斟酌率とは
評価が高すぎないよう安全性を持たせるための割合です。直前期末の
1株当たりの資本金等の額とは評価会社の直前期末の資本金等の額を
発行済株式数で除したもので、これが500円のときは、計算された株
価は10倍されることになります。これは、計算式中のA、B、C、
D、b、c、dのすべての数値が1株当たりの資本金等の額を50円と
して計算されているためです）。

$$A \times \left(\frac{b}{B} + \frac{c}{C} + \frac{d}{D} \right) \times \frac{1}{3} \times 斟酌率 \times \frac{直前期末の1株当たりの資本金等の額}{50円}$$

A：課税時期の属する月以前3か月の各月ごとの類似業種の平均株
　　価、前年1年間の平均株価および課税時期の属する月以前2年間の
　　平均株価のうち最も低いもの

B：課税時期の属する年分の類似業種の1株当たりの年配当金額

C：課税時期の属する年分の類似業種の1株当たりの年利益金額

D：課税時期の属する年分の類似業種の1株当たりの純資産価額

b：評価会社の直前期末以前2年間における1株当たり（株数は50円
　　額面で計算します。以下同じ）の平均配当金額

c：評価会社の直前期末1年間（または2年間の年平均）における1
　　株当たりの年利益金額

d：評価会社の直前期末における1株当たりの純資産価額
　　　斟酌率：小会社0.5、中会社0.6、大会社0.7

＊A、B、C、Dは業種ごとに国税庁が発表している数値を使います（次ページの表参照）。

（注）　資本金等の額とは、「法人が株主等から出資を受けた金額」をいいます。厳密には若干の違いがありますが、従来の資本金の額と資本積立金の額を合計したものと考えます。

⑤　具体的計算例

> 　S社株式の令和5年4月の類似業種比準価額を求めなさい。
>
> S社　自動車・同附属品製造業（会社規模は大会社）
>
> 資本金等の額　50,000千円　発行済株式数　100千株
>
> ①S社の比準要素1株当たりの年配当金額　　　　5円（b）
>
> 　　　　　　　　1株当たりの年利益金額　　　　90円（c）
>
> 　　　　　　　　1株当たりの純資産価額　　　400円（d）
>
> ②類似業種の株価
>
> 　　（A）＝235円　　　　　　5年4月　　250円
>
> 　　　　　　　　　　　　　　5年3月　　248円
>
> 　　　　　　　　　　　　　　5年2月　　243円
>
> 　　　　　　　　　　　　　　前年平均　　235円
>
> 　　　　　　　　　　　　　　課税時期の属する月以前2年間の
>
> 　　　　　　　　　　　　　　平均株価　　245円
>
> ③類似業種の比準要素1株当たりの年配当金額　　8.2円（B）
>
> 　　　　　　　　　　1株当たりの年利益金額　　43円（C）
>
> 　　　　　　　　　　1株当たりの純資産価額　478円（D）

$$235円 \times \dfrac{\dfrac{5円}{8.2円} + \dfrac{90円}{43円} + \dfrac{400円}{478円}}{3} \times 0.7 \text{（大会社の斟酌率は0.70）}$$

$$= 235円 \times \frac{0.60 + 2.09 + 0.83}{3} \times 0.7 \quad \begin{pmatrix} \text{各比準要素の割合は小数} \\ \text{点以下第２位未満切捨て} \end{pmatrix}$$

$$= 235円 \times \frac{3.52}{3} \times 0.7$$

$= 235円 \times 1.17 \times 0.7$（比準割合は小数点以下第２位未満切捨て）

$= 192.46$（10銭未満切捨て）

Ｓ社の１株当たりの資本金等の額　50,000千円÷100千株＝500円

$$192.46円 \times \frac{500円}{50円} = 1,924円 \cdots Ｓ社の１株当たり評価額$$

類似業種比準価額計算上の業種目及び業種目別株価等（令和５年分）

（単位：円）

業　種　目			番号	B 配当金額	C 利益金額	D 簿価純資産価額	A（株価）【上段：各月の株価、下段：課税時期の属する月以前２年間の平均株価】													
大分類	中分類	小分類					令和4年11月平均	4年11月分	12月分	5年1月分	2月分	3月分	4月分	5月分	6月分	7月分	8月分	9月分	10月分	11月分	12月分
（製造業）																				
電気機械器具製造業			43	6.6	38	371	406	407	391	388 443	405 439	414 436	426 432	458 432	477 431	485 432	476 431	485 430	466 430	466 429	455 428
	発電用・送電用・配電用電気機械器具製造業		44	13.4	62	773	694	670	641	627 771	641 759	655 749	679 740	768 736	819 734	859 734	874 735	912 737	896 739	857 740	835 739
	電気計測器製造業		45	4.7	32	202	296	310	298	298 307	308 307	319 308	334 308	354 310	358 312	355 314	351 315	352 315	335 315	355 316	356 318
	その他の電気機械器具製造業		46	4.3	29	270	329	334	322	322 360	344 357	349 355	355 353	367 352	377 351	377 351	353 349	352 346	330 343	339 341	327 339
情報通信機械器具製造業			47	4.8	34	279	229	224	219	217 238	227 236	233 235	237 234	245 234	246 234	249 234	250 234	258 235	249 235	257 236	256 236
輸送用機械器具製造業			48	7.6	41	456	261	263	254	252 275	265 274	268 274	272 273	285 273	301 273	314 274	313 275	329 276	312 276	324 277	314 278
	自動車・同附属品製造業		49	8.2	43	478	235	238	230	229 246	243 246	248 245	250 245	265 245	278 246	290 246	292 248	310 250	292 251	299 253	288 254
	その他の輸送用機械器具製造業		50	4.8	32	351	385	380	364	360 411	371 409	364 407	377 405	378 404	410 404	425 403	410 401	422 398	407 395	441 394	437 392
その他の製造業			51	7.5	43	353	352	360	361	358 368	372 367	386 367	388 367	402 368	409 369	412 370	418 372	435 373	411 374	415 375	417 377

1. 「A（株価）」は、業種目ごとに令和5年分の標本会社の株価を基に計算していますので、標本会社が令和4年分のものと異なる業種目などについては、令和4年11月分及び12月分の金額は、令和4年分の評価に適用する令和4年11月分及び12月分の金額とは異なることに留意してください。また、令和4年平均及び課税時期の属する月以前2年間の平均株価についても、令和5年分の標本会社を基に計算しています。
2. このホームページの掲載に当たり、業種目の内容については省略しました。

［国税庁ホームページより］

⑥ 純資産価額方式

　純資産価額方式は、評価会社を解散させたときに株主に1株当たりいくら戻ってくるかを計算し、その金額を評価額とするものです。つまり会社のすべての資産を時価で換金し、そこからすべての債務を支払い、さらに評価差益（すべての資産を時価で換金したときに生ずる含み益の金額）に対する37％の法人税等を差し引いた残額を課税時期における発行済株式数で除して求めることになっています。具体的な計算式は次のとおりです（なお、議決権数割合が50％以下である株主グループに属する株主が所有する株式については、この計算式による評価額の80％で評価することになっています）。

$$\frac{\begin{array}{c}\text{資産の相続税評価額}\\\text{の合計額（A）}\end{array} - \begin{array}{c}\text{負債の相続税評価額}\\\text{の合計額（B）}\end{array} - \begin{array}{c}\text{評価差益に対応する}\\\text{法人税等相当額（C）}\end{array}}{\text{（課税時期における発行済株式数－自己株式数）}}$$

＊（C）は次により計算します。

$$\left\{(A)-(B)-\left(\begin{array}{c}\text{税務上の帳簿価額に}\\\text{よる負債の合計額}\end{array} - \begin{array}{c}\text{税務上の帳簿価額に}\\\text{よる資産の合計額}\end{array}\right)\right\} \times 37\%$$

※　（A）については、課税時期における各資産を相続税評価額で評価した金額の合計額です。借地権や営業権などの簿外資産も評価しなければなりません。逆に資産価値のない創立費、新株発行費等の繰延資産は計上する必要がありません。
　（B）について、引当金や準備金については、原則として計上できません。また、次のものは、帳簿上負債として計上されていなくても計上できます。

・確定した前期分の法人税・事業税等

・未納の固定資産税

　その場合、これらの金額は税務上の帳簿価額による負債の部にも計上されます。

⑦　具体的計算例

　P社の令和5年9月期末における資産、負債の内容は次のとおりです。P社株式の純資産価額方式による評価額を計算しなさい。P社の発行済株式数は10,000株です（相続日は、令和5年10月10日）。

■令和5年9月30日　P社　貸借対照表　　　　（単位：千円）

資産の部	帳簿価額	相続税評価額	負債の部	帳簿価額	相続税評価額
現預金	6,000	6,000	買掛金	10,000	10,000
売掛金	20,000	20,000	支払手形	12,000	12,000
商　品	12,000	12,000	借入金	47,000	47,000
建　物	22,000	10,000	預り金	1,000	1,000
土　地	20,000	100,000	負債の部計	⒟70,000	⒝70,000
			純資産の部	帳簿価額	
			資本金	5,000	
			利益剰余金	5,000	
			純資産の部計	10,000	
資産の部合計	⒞80,000	⒜148,000	負債・純資産の部合計	80,000	

資産の相続税評価額の合計額（A）＝148,000千円

負債の相続税評価額の合計額（B）＝70,000千円

税務上の帳簿価額による資産の合計（C）＝80,000千円

税務上の帳簿価額による負債の合計（D）＝70,000千円

$\{(A-B)-(C-D)\}×37\%$ …評価差益に対応する法人税等相当額

$\{(148,000千円-70,000千円)-(80,000千円-70,000千円)\}×37\%$

　＝25,160千円

$$\frac{A-B-25,160千円}{10,000株} = \frac{148,000千円-70,000千円-25,160千円}{10,000株}$$

$$= 5,284円 \quad \cdots P社の1株当たり評価額$$

⑧ 配当還元方式

　少数株主（同族株主等以外の株主ともいう）の所有する株式は、配当期待権としての価値しかないので配当還元方式によって評価されます。配当還元方式とは、直前期末以前2年間の平均配当を10%の期待利回りで除して求める方式です。具体的な計算式は次のとおりです。

$$\frac{その株式に係る年配当金額}{10\%} \times \frac{その株式1株当たりの資本金等の額（※1）}{50円}$$

その株式に係る年配当金額 $= \dfrac{直前期末以前2年間の配当金額}{2} \div \dfrac{1株50円換算の}{発行済株式数（※2）}$

（その株式に係る年配当金額が2円50銭未満のときは、2円50銭とする）

※1　その株式1株当たりの資本金等の額
　　　＝その株式の発行法人の資本金等の額÷（発行済株式総数－自己株式数）
※2　1株50円換算の発行済株式数＝その株式の発行法人の資本金等の額÷50円

　一見、複雑な計算式になっていますが、結果としては1株当たりの年平均配当金額を10%で除した金額と同じになります。なお、配当還元価額が原則的評価方式による評価額を上回るときは原則的評価方式による評価額によります。

[参考] 取引相場のない種類株式の評価方法

　会社法の施行により発行が容易になった種類株式のうち、次のものについては、その評価方法が次のように取り扱われます。

（1）　配当優先の無議決権株式

　普通株式と同様に評価することが原則です（純資産価額方式の場合には配当優先の度合いに関わらず普通株式と同額評価。類似業種比準方式の場合は、株式の種類ごとにその株式の配当金を使って比準割合を計算して評価）。ただし、相続時の納税者の選択により、相続人全体の相続税評価総額が不変という前提で、議決権がない点を考慮し、無議決権株式について普通株式評価額から5％を評価減できることとされました。この評価減された金額は、議決権のある株式の評価額に加算されます。この調整を行うことができるのは、相続税の法定申告期限までに遺産分割協議が確定しており、その会社の株式を取得したすべての同族株主からこの調整を行う旨の届出書が提出されていることが必要です。

（2）　社債類似株式（一定期間後に償還される特定の無議決権＋配当優先
　　　株式）

　次の条件を満たす社債に類似した特色を有する種類株式は、社債に準じた評価（発行価額に基づく評価）を行います。

　①優先配当、②無議決権、③一定期間後に発行会社が発行価額で取得、④残余財産分配は発行価額を上限、⑤普通株式への転換権なし

（3）　拒否権付株式

　拒否権付株式（普通株式＋拒否権）は、普通株式と同様に評価します。

7 公社債、預貯金等の評価

（1）公社債

　公社債は、銘柄の異なるごとに区分し、券面額100円当たりの価額に公社債の券面額を100で除した数を乗じて評価します。

① 証券取引所に上場されている利付公社債

ア．課税時期の最終価格 ＋ 源泉所得税および利子割相当額
　　（券面額100円当たり）　　控除後の既経過利息※

※　$100円 \times 利率 \times \dfrac{既経過日数}{365} \times （1-0.20315）$

＊最終価格は利息を含まない価格で公表されています。

イ．$ア \times \dfrac{券面額}{100円}$

② 証券取引所に上場されていない利付公社債

ア．発行価額 ＋ 源泉所得税および利子割相当
　　（券面額100円当たり）　　額控除後の既経過利息

イ．$ア \times \dfrac{券面額}{100円}$

③　証券取引所に上場されている割引発行の公社債

　ア．課税時期の最終価格（券面額100円当たり）

　イ．ア × $\dfrac{\text{券面額}}{100\text{円}}$

＊最終価格が既経過償還差益の額含みの金額として公表されています。

④　証券取引所に上場されていない割引発行の公社債

　ア．$\dfrac{\text{発行}}{\text{価額}}$ ＋（券面額 － 発行価額）× $\dfrac{\text{発行日から課税時期までの日数}}{\text{発行日から償還期限までの日数}}$

　　（券面額100円当たり）

　イ．ア × $\dfrac{\text{券面額}}{100\text{円}}$

＊割引発行の公社債の発行価額は、購入価額から償還差益に係る源泉所得税相当額を除いた金額となります。

（2）預貯金等

定期預金、定額郵便貯金、普通預金等については次の算式によります。

預入高 ＋ 既経過利子の額※ × （1 － 0.20315）

※ 預入高 × 解約利率 × $\dfrac{\text{既経過日数}}{365}$

普通預金で、既経過利子が少額なものについては、預入高のみで評価してよいことになっています。

（3）ゴルフ会員権

① 取引相場のある会員権……通常の取引価格×70％

（注）　入退会の都度、ゴルフ経営会社との間で預託、返還されるため、取引価格に含まれない預託金等がある場合には、返還時期に応じた預託金等の評価額を加算します。

　　　　返還時期に応じた預託金等の評価額＝返還金額×課税時期から返還時期までの期間に応ずる基準年利率（短期、中期、長期に区分し、利付国債の複利利回りを基に国税庁長官が各月ごとに定める）による複利現価率

② 取引相場のない会員権

　ア．預託金制会員権

　　　返還時期に応じた預託金等の評価額

　イ．株式制会員権

　　　株式の価額（取引相場のない株式の評価方式による評価額）

　ウ．株式と預託金の併用制会員権

　　　株式の価額　＋　返還時期に応じた預託金等の評価額

③ 次のすべての条件を満たす会員権は評価しません。

　ア．株式の所有を必要としない

　イ．会員権を譲渡できない

　ウ．預託金等の返還を受けられない

（4）定期金に関する権利

① 給付事由が発生している定期金に関する権利の評価額は、次に掲

げる金額のうちいずれか多い金額とします。

ア．解約返戻金相当額

イ．定期金に代えて一時金の給付を受けることができる場合には、
その一時金相当額

ウ．予定利率等を基に算出した金額

② 給付事由が発生していない定期金に関する権利の評価額は、原則
として、解約返戻金相当額とします。

第5章

相続税の税額計算

1 相続税の計算方法

(1) 課税価格の合計額の計算

　課税価格とは、相続や遺贈により取得した財産の合計額で次のように計算します。

相続財産 + みなし相続財産 － 非課税財産 － 債務控除 ＋

相続開始前3年
以内の贈与財産 ＋ 相続時精算課税に係る贈与
によって取得した財産 ＝ 課税価格
（p.13参照）　　　　（p.15参照）

(2) 課税遺産総額の計算

　課税価格の合計額から遺産に係る基礎控除額（3,000万円＋600万円×法定相続人の数）を差し引いて課税遺産総額を計算します。

　課税価格の合計額が、遺産に係る基礎控除額以下である場合は、相続税はかかりません（配偶者の税額軽減や小規模宅地の評価減の特例の適用を受ける場合を除き、申告は不要となります）。

課税価格の合計額 － 遺産に係る基礎控除額 ＝ 課税遺産総額

（3）相続税の総額の計算

　課税遺産総額を法定相続人[※]が、民法に規定する法定相続分に応じて取得したものと仮定して、各相続人ごとの取得金額を計算し、これに税率を乗じて、さらに速算控除額を差し引き各相続人ごとの仮の税額を算出します。この各相続人ごとの仮の税額を合計して相続税の総額を計算します。

課税遺産総額 × 各相続人の法定相続分 ＝ 各相続人ごとの取得金額

各相続人ごとの取得金額×税率－速算控除額＝　各相続人の仮の税額

この各相続人の仮の税額の合計額が、相続税の総額となります

※　この法定相続人は、第3章「課税価格の計算」で説明した法定相続人と同じです。またここでいう法定相続分とは、民法900条および901条（代襲相続分）の規定による相続分を指します（902条の指定相続分および903条の特別受益者の相続分は考慮しません）。

（4）納付税額の計算

　相続や遺贈によって財産を取得した人が、実際に納める相続税額は、相続税の総額を基として次のように計算します。

$$相続税の総額 \times \frac{その相続人または受遺者の相続税の課税価格（B）}{その相続または遺贈により財産を取得したすべての人の相続税の課税価格の合計額（A）} ＝ 各人の算出相続税額$$

※　相続税の総額を、実際に財産をもらった人が、もらった財産の割合に応じて負担するということです。

（Ｂ）／（Ａ）の割合（按分割合）が小数点以下２位未満の端数があるときは、各人の割合の合計値が１になるように調整して計算することができます（調整をしなくてもよい）。

この各人の算出相続税額に、加算対象者に対する２割加算額（相続税額の加算）および各種税額控除額を加算減算して、各人の納付税額を計算します。

$$
\begin{array}{c}
\text{各人の算出} \\
\text{相続税額}
\end{array}
+
\begin{array}{c}
\text{加算対象者に対する２割} \\
\text{加算額（相続税額の加算）}
\end{array}
-
\begin{array}{c}
\text{各種税額} \\
\text{控除額}
\end{array}
=
\begin{array}{c}
\text{各人が納付} \\
\text{すべき税額}
\end{array}
$$

具体的には、次のようになります。また、各種税額控除の内容については、本章の「2 税額控除」を参照してください。

<各人の算出相続税額>
＋	相続税額の加算額
－	贈与税額控除
－	配偶者の税額軽減
－	未成年者控除額
－	障害者控除額
－	相次相続控除額
－	外国税額控除額
＝	各人の納付すべき税額

（5）加算対象者に対する２割加算（相続税額の加算）

加算対象者に対する２割加算（相続税額の加算）とは、相続や遺贈によって財産を取得した人が被相続人の一親等の血族および配偶者以外の人である場合に、その人の相続税額が算出相続税額の20％増しとなることです。

一親等の血族には、一親等の血族の代襲相続人、養子および養親を

100

含みます。ただし、被相続人の養子となったその被相続人の直系卑属（いわゆる孫養子、ただし代襲相続人である者は除く）は2割加算の対象となります。

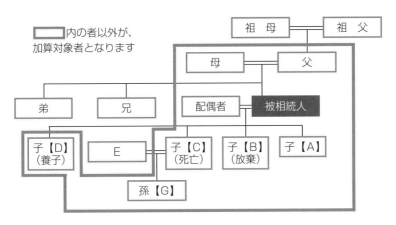

内の者以外が、加算対象者となります

祖母　祖父
母　父
弟　兄
配偶者　被相続人
子【D】（養子）　E　子【C】（死亡）　子【B】（放棄）　子【A】
孫【G】

※　相続を放棄した子Bが遺贈により財産を取得した場合、放棄していても一親等の血族であるので、2割加算の対象とはなりません。

　この規定は、一親等の血族および配偶者は、遺産の形成・維持・管理に、その他の者よりも貢献していること、また一親等の血族および配偶者以外の者が、被相続人の遺産を取得することは、偶然性が高く、かつ担税力が強いこと、さらに被相続人が孫に財産を遺贈したような場合には、相続税の課税を1回免れる結果となること等の理由から、この規定が設けられています。

　（これら計算の流れを図示しますと、次のようになります。）

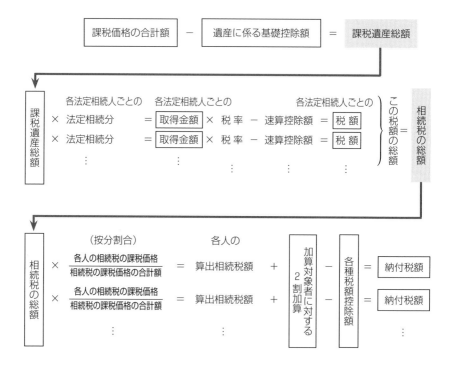

　相続財産をどのように分割取得していても、各人の課税価格を合計して計算するため、分割の仕方いかんにかかわらず相続税の総額は原則として一定額となることにご留意ください。

（6）相続税額の具体的計算例

　令和6年6月の相続により相続財産を20億円（債務控除後）相続しました。相続人は、妻と子4人です。各人の相続税額はどのように計算されますか。

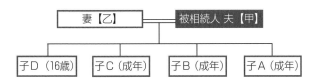

■相続税の申告期限内に分割協議により次のとおり財産を相続しまし
　た。

　　　配偶者　乙　　　10億円

　　　　子　A　　　　3億円

　　　　子　B　　　　2億6,000万円

　　　　子　C　　　　2億4,000万円

　　　　子　D　　　　2億円

（1）課税価格の合計額　　20億円

（2）課税遺産総額の計算

　　　20億円－（3,000万円＋600万円×5）＝19億4,000万円

（3）相続税の総額の計算

　　①　法定相続人の法定相続分に応じる取得金額

$$
\begin{pmatrix} 課税遺産総額 \\ 19億4,000万円 \end{pmatrix} \times \begin{pmatrix} 各法定相続人の法定相続分 \\ 1／2 \end{pmatrix} = 9億7,000万円（乙）
$$

　　19億4,000万円 × 1／2 × 1／4 ＝ 2億4,250万円（子A～D）

　　②　各法定相続人の相続税の合計額（p.105　相続税の速算表参照）

　　●乙　　　　9億7,000万円×55％－7,200万円＝4億6,150万円

　　●A～D　　2億4,250万円×45％－2,700万円＝8,212.5万円

　　　　　　　4億6,150万円＋8,212.5万円×4＝7億9,000万円

（4）納付税額の計算

相続人等	乙	A	B	C	D	合計
相続税の総額						7億9,000万円
按分割合＊1	0.50	0.15	0.13	0.12	0.10	1.00
算出税額＊2	3億9,500万円	1億1,850万円	1億270万円	9,480万円	7,900万円	
配偶者の税額軽減＊3	△3億9,500万円					
未成年者控除額＊4					△20万円	
納付税額	0円	1億1,850万円	1億270万円	9,480万円	7,880万円	

＊1　按分割合　　　　　　その相続人の課税価格
　　　　　　　　　　───────────────────
　　　　　　　　　　取得したすべての相続人の課税価格の合計額

- 乙　10億 ／ 20億 ＝ 0.50
- A　3億 ／ 20億 ＝ 0.15
- B　2億6,000万 ／ 20億 ＝ 0.13
- C　2億4,000万 ／ 20億 ＝ 0.12
- D　2億 ／ 20億 ＝ 0.10

（注）　按分割合に小数点以下2位未満の端数がある場合は、全員の同意により合計値が1になるように端数を調整してよいことになっている（この設例では端数がない）。

＊2　算出税額　　　　相続税の総額　×　按分割合

- 7億9,000万円　×　0.50　＝　3億9,500万円
- 　　　　　　　×　0.15　＝　1億1,850万円
- 　　　　　　　×　0.13　＝　1億270万円
- 　　　　　　　×　0.12　＝　9,480万円
- 　　　　　　　×　0.10　＝　7,900万円

＊3　配偶者の税額軽減（本章2　税額控除を参照）
　　　次のア、イのいずれか少ない金額

ア．配偶者の算出相続税額　－　配偶者の贈与税額控除額

イ．相続税の総額　×　$\dfrac{次のa、bのうち少ない金額}{課税価格の合計額}$

　　a．課税価格の合計額×配偶者の法定相続分または

　　　1億6,000万円のうちいずれか多い金額

　　b．配偶者の実際取得価額

　ア．3億9,500万円　－　0　＝　3億9,500万円

　イ．7億9,000万円　×　$\dfrac{10億円^{※}}{20億円}$　＝　3億9,500万円

　　※　a　20億円　×　1／2　＝10億円または1億6,000万円のうちいず
　　　　れか多い金額。よって10億円

　　　　b　10億円

　　　　a、bのうち少ない金額。よって10億円

　　　　ア、イのいずれか少ない金額　3億9,500万円

＊4　10万円　×　（18－16）＝　20万円（p.115参照）

（7）相続税の速算表（税額＝取得金額×税率－速算控除）

法定相続分に応ずる取得金額	税率	速算控除
1,000万円以下	10%	――
3,000万円以下	15%	50万円
5,000万円以下	20%	200万円
1億円以下	30%	700万円
2億円以下	40%	1,700万円
3億円以下	45%	2,700万円
6億円以下	50%	4,200万円
6億円超	55%	7,200万円

（8）相続放棄した相続人がいる場合の相続税額の計算例

　令和6年8月の相続により相続財産を8億円（債務控除後）相続しました。相続人は、妻と子2人の計3人です。各人の相続税額はどのように計算されますか。

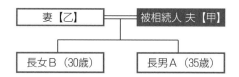

■長女Bは、相続放棄の手続を行いました。

■相続税の申告期限内に分割協議により、次のとおり財産を相続しました。

　　　配偶者　乙　　4億円

　　　長男　　A　　4億円

（1）課税価格の合計額　　　8億円

（2）課税遺産総額の計算

　　　8億円－（3,000万円＋600万円×3）＝7億5,200万円

（3）相続税の総額の計算

　　　乙の法定相続分：1／2

　　　長男A・長女Bの法定相続分：1／2×1／2＝1／4

　①　法定相続人の法定相続分に応じる取得金額

　　（課税遺産総額）　　　　　（各法定相続人の法定相続分）

　　7億5,200万円×1／2＝3億7,600万円（乙）

　　7億5,200万円×1／4＝1億8,800万円（長男A）

　　7億5,200万円×1／4＝1億8,800万円（長女B）

②　各法定相続人の相続税の合計額（p.105　相続税の速算表参照）

●乙：3億7,600万円×50％－4,200万円＝1億4,600万円

●A：1億8,800万円×40％－1,700万円＝5,820万円

●B：1億8,800万円×40％－1,700万円＝5,820万円

1億4,600万円＋5,820万円×2＝2億6,240万円

（4）納付税額の計算

〈按分割合〉　乙：$\dfrac{4億円}{8億円}＝0.50$

A：$\dfrac{4億円}{8億円}＝0.50$

〈算出税額〉　乙：2億6,240万円×0.50＝1億3,120万円

A：2億6,240万円×0.50＝1億3,120万円

〈配偶者の税額軽減〉

ア．1億3,120万円－0＝1億3,120万円

イ．2億6,240万円×$\dfrac{4億円^※}{8億円}＝$1億3,120万円

ア、イのいずれか少ない金額　よって1億3,120万円

※　a　8億円×1／2＝4億円＞1億6,000万円

∴4億円

b　4億円

aとbのうち少ない金額。よって4億円

〈納付税額〉　乙：1億3,120万円－1億3,120万円＝0円

A：1億3,120万円

【参考】相続税の申告書等の記載例

■ 麻布 税務署長
7 年 6 月 1 日 提出

相 続 税 の 申 告 書 [修正] | F D 3 5 6 3 |

相続開始年月日 6 年 8 月 1 日　　　※申告期限延長日　　年　月　日

○フリガナは、必ず記入してください。

	各 人 の 合 計	財産を取得した人
フリガナ	(被相続人)	(参考)
氏 名	甲	乙
個人番号又は法人番号		○○○○○○○○○○○○
生 年 月 日	昭 23 年 11 月 1 日 (年齢 75 歳)	昭 27 年 5 月 23 日 (年齢 72 歳)
住 所 (電話番号)	港区麻布台	〒106-0041 港区麻布台 (○○-○○○○-○○○○)
被相続人との続柄 職 業		妻 無職
取 得 原 因	該当する取得原因を○で囲みます。	①相続・遺贈・相続時精算課税に係る贈与

	※ 整 理 番 号		
取得財産の価額 (第11表③)	①	80000000	40000000
相続時精算課税適用財産の価額 (第11の2表1⑦)	②		
債務及び葬式費用の金額 (第13表3⑦)	③		
純資産価額 (①+②-③) (赤字のときは0)	④	80000000	40000000
純資産価額に加算される暦年課税分の贈与財産価額 (第14表1④)	⑤		
課税価格 (④+⑤) (1,000円未満切捨て)	⑥Ⓐ	80000000	40000000
法定相続人の数 遺産に係る基礎控除額	3人 48000000	Ⓑ	
相続税の総額	⑦	26240000	
一般の場合 (⑩の場合を除く) あん分割合	⑧	1.00	0.50
	⑨	26240000	13120000
農地等納税猶予の適用を受ける場合	⑩		
相続税額の2割加算が行われる場合の加算金額 (第4表⑦)	⑪		
暦年課税分の贈与税額控除額 (第4表の2⑤)	⑫		
配偶者の税額軽減額 (第5表⑥又は⑲)	⑬	13120000	13120000
未成年者控除額 (第6表1②、③又は⑥)	⑭		
税額控除 障害者控除額 (第6表2②、③又は⑥)	⑮		
計	13120000	13120000
差引税額 (⑨+⑪-⑮)又は(⑩+⑪-⑮) (赤字のときは0)	⑯	13120000	0
相続時精算課税分の贈与税額控除額 (第11の2表⑧)	⑰		00
医療法人持分税額控除額 (第8の4表2B)	⑱		
小 計 (⑯-⑰-⑱) (黒字のときは100円未満切捨て)	⑲	13120000	00
納税猶予税額 (第8の8表2⑧)	⑳		00
申告納税額 申告期限までに納付すべき税額 (⑲-⑳)	㉑	13120000	00
還付される税額 (⑲-⑳)	㉒△	△	
この申告書が修正申告である場合 小 計	㉓		
納税猶予税額	㉔		
この修正申告前の 申告納税額 (還付の場合は頭に△を記載)	㉕		
小計の増減額 (㉖-㉓)	㉖		

(資4-20-1-1-A4統一)第1表 (令5.7)

108

相続税の申告書(続)　修正　FD3564

第1表(続)(令和5年1月分以降用)

○この申告書は機械で読み取りますので、黒ボールペンで記入してください。

○フリガナは、必ず記入してください。

	財産を取得した人	参考として記載している場合 参考	財産を取得した人	参考として記載している場合 参考
フリガナ				
氏名	A		B	
個人番号又は法人番号	⊠⊠⊠⊠⊠⊠⊠⊠⊠⊠⊠		△△△△△△△△△△	
生年月日	昭53年6月1日(年齢46歳)		昭56年7月1日(年齢43歳)	
住所(電話番号)	〒182-0033 調布市富士見町 (0000-00-0000)		〒359-1116 所沢市東町 (0000-000-0000)	
被相続人との続柄 職業	長男 会社員		長女 公務員	
取得原因	相続・遺贈・相続時精算課税に係る贈与		相続・遺贈・相続時精算課税に係る贈与	
※整理番号				

課税価格の計算

項目	番号	A	B
取得財産の価額(第11表③)	1	400,000,000 円	0 円
相続時精算課税適用財産の価額(第11の2表1⑦)	2		
債務及び葬式費用の金額(第13表3⑦)	3		
純資産価額(1+2-3)(赤字のときは0)	4	400,000,000	0
純資産価額に加算される暦年課税分の贈与財産価額(第14の1表1④)	5		
課税価格(4+5)(1,000円未満切捨て)	6	400,000,000 000	0 000

各人の算出税額の計算

項目	番号	A	B
法定相続人の数 遺産に係る基礎控除額			
相続税の総額	7		
あん分割合(各人の⑥/各人の⑥計)	8	0.50	0.00
一般の場合(⑩の場合を除く) 算出税額(⑦×各人の⑧)	9	131,200,000 円	0 円
農地等納税猶予の適用を受ける場合 算出税額(第3表⑦)	10		
相続税額の2割加算が行われる場合の加算金額(第4表⑦)	11	円	円

各人の納付・還付税額の計算

項目	番号	A	B
暦年課税分の贈与税額控除額(第4の2表⑥)	12		
配偶者の税額軽減額(第5表⑦又は⑧)	13		
未成年者控除額(第6表1②、③又は⑥)	14		
障害者控除額(第6表2②、③又は⑥)			
相次相続控除額(第7表⑬又は⑱)			
外国税額控除額(第8表1⑧)			
計	15	0	
差引税額(⑨+⑪-⑮)又は(⑩+⑪-⑮)(赤字のときは0)	16	131,200,000	0 0
相続時精算課税分の贈与税額控除額(第11の2表⑧)	17	00	00
医療法人持分税額控除額(第8の4表2B)	18		
小計(⑯-⑰-⑱)(黒字のときは100円未満切捨て)	19	131,200,000	0 0
納税猶予税額(第8の8表⑧)	20	00	00
申告納税額 申告期限までに納付すべき税額(⑲-⑳)	21	131,200,000	00
還付される税額	22		

この申告書が修正申告である場合

項目	番号	A	B
小計	23		
納税猶予税額(第8の8表②)	24		
申告納税額(還付の金額には頭に△を記載)	25		
小計の増加額(㉒-㉓)	26		
	27		

(資4-20-2-1-A4統一)第1表(続)(令5.7)

相 続 税 の 総 額 の 計 算 書

| 被相続人 | 甲 |

この表は、第1表及び第3表の「相続税の総額」の計算のために使用します。

なお、被相続人から相続、遺贈や相続時精算課税に係る贈与によって財産を取得した人のうちに農業相続人がいない場合は、この表の⑥欄及び⑧欄並びに⑨欄から⑪欄までは記入する必要がありません。

① 課税価格の合計額	② 遺産に係る基礎控除額	③ 課税遺産総額
⑦（第1表⑥A）　800,000,000 円	3,000万円 + (600万円 × ⓐの法定相続人の数 3 人) = 4,800 万円	(⊜)(⑦－⑤)　752,000,000 円
⑩（第3表⑥A）　,000	ⓑの人数及びⓒの金額を第1表⑧へ転記します。	(⊜)(⑩－⑤)　,000

④ 法定相続人（（注）1参照）		⑤ 左の法定相続人に応じた法定相続分	第1表の「相続税の総額⑦」の計算		第3表の「相続税の総額⑦」の計算	
氏　名	被相続人との続柄		⑥ 法定相続分に応ずる取得金額（⊜×⑤）（1,000円未満切捨て）	⑦ 相続税の総額の基となる税額 下の「速算表」で計算します。	⑨ 法定相続分に応ずる取得金額（⊜×⑤）（1,000円未満切捨て）	⑩ 相続税の総額の基となる税額 下の「速算表」で計算します。
乙	妻	$\frac{1}{2}$	376,000,000 円	146,000,000 円	,000 円	円
A	子	$\frac{1}{4}$	188,000,000	58,200,000	,000	
B	子	$\frac{1}{4}$	188,000,000	58,200,000	,000	
			,000		,000	
			,000		,000	
			,000		,000	
			,000		,000	
			,000		,000	
			,000		,000	
法定相続人の数 Ⓐ 3 人		合計 1	⑧ 相続税の総額（⑦の合計額）（100円未満切捨て）　262,400,000		⑪ 相続税の総額（⑩の合計額）（100円未満切捨て）　00	

(注) 1　④欄の記入に当たっては、被相続人に養子がある場合や相続の放棄があった場合には、「相続税の申告のしかた」をご覧ください。

2　⑧欄の金額を第1表⑦欄へ転記します。財産を取得した人のうちに農業相続人がいる場合は、⑧欄の金額を第1表⑦欄へ転記するとともに、⑪欄の金額を第3表⑦欄へ転記します。

相続税の速算表

法定相続分に応ずる取得金額	10,000千円以下	30,000千円以下	50,000千円以下	100,000千円以下	200,000千円以下	300,000千円以下	600,000千円以下	600,000千円超
税　率	10%	15%	20%	30%	40%	45%	50%	55%
控除額	－	500千円	2,000千円	7,000千円	17,000千円	27,000千円	42,000千円	72,000千円

この速算表の使用方法は、次のとおりです。

⑥欄の金額 × 税率 − 控除額 = ⑦欄の税額　　　⑨欄の金額 × 税率 − 控除額 = ⑩欄の税額

例えば、⑥欄の金額30,000千円に対する税額（⑦欄）は、30,000千円×15%−500千円=4,000千円です。

○連帯納付義務について

相続税の納税については、各相続人等が相続、遺贈や相続時精算課税に係る贈与により受けた利益の価額を限度として、お互いに連帯して納付しなければならない義務があります。

第2表(令5.7)　　　　　　　　　　　　　　　　　　　　　　　　　(資4−20−3−A4統一)

配偶者の税額軽減額の計算書

| 被相続人 | 甲 |

私は、相続税法第19条の2第1項の規定による配偶者の税額軽減の適用を受けます。

1 一般の場合

この表は、①被相続人から相続、遺贈や相続時精算課税に係る贈与によって財産を取得した人のうちに農業相続人がいない場合又は②配偶者が農業相続人である場合に記入します。

課税価格の合計額のうち配偶者の法定相続分相当額	（第1表のⒶの金額）	配偶者の法定相続分		⑥※	円
	$800,000,000$円 × $\frac{1}{2}$ = $400,000,000$ 円			$400,000,000$	
	上記の金額が16,000万円に満たない場合には、16,000万円				

配偶者の税額軽減額を計算する場合の課税価格	① 分割財産の価額（第11表の配偶者の①の金額）	② 債務及び葬式費用の金額（第1表の配偶者の③の金額）	③ 未分割財産の価額（第11表の配偶者の②の金額）	④（②−③）の金額（⑤の金額が②の金額より大きいときは0）	純資産価額に加算される暦年課税分の贈与財産価額（第1表の配偶者の⑤の金額	⑤（①−④＋⑤）の金額（⑤の金額より小さいときは⑤の金額）（1,000円未満切捨て）
	円	円	円	円	円	円※
	$400,000,000$	0		0	0	$400,000,000$

⑦ 相続税の総額（第1表の⑦の金額）	⑧ ④の金額と⑥の金額のうちいずれか少ない方の金額	⑨ 課税価格の合計額（第1表のⒶの金額）	⑩ 配偶者の税額軽減の基となる金額（⑦×⑧÷⑨）
円	円	円	円
$262,400,000$	$400,000,000$	$800,000,000$	$131,200,000$

配偶者の税額軽減の限度額	（第1表の配偶者の⑨又は⑩の金額）（第1表の配偶者の⑫の金額）	⑪	円
	（ $131,200,000$ 円 − 0 円）	$131,200,000$	

配偶者の税額軽減額	（⑩の金額と⑪の金額のうちいずれか少ない方の金額）	⑫	円
		$131,200,000$	

（注）⑫の金額を第1表の配偶者の「配偶者の税額軽減額⑬」欄に転記します。

2 配偶者以外の人が農業相続人である場合

この表は、被相続人から相続、遺贈や相続時精算課税に係る贈与によって財産を取得した人のうちに農業相続人がいる場合で、かつ、その農業相続人が配偶者以外の場合に記入します。

課税価格の合計額のうち配偶者の法定相続分相当額	（第3表のⒶの金額）	配偶者の法定相続分		⑬※	円
	,000円 × = 円				
	上記の金額が16,000万円に満たない場合には、16,000万円				

配偶者の税額軽減額を計算する場合の課税価格	⑪ 分割財産の価額（第11表の配偶者の①の金額）	⑫ 債務及び葬式費用の金額（第1表の配偶者の③の金額）	⑬ 未分割財産の価額（第11表の配偶者の②の金額）	⑭（⑫−⑬）の金額（⑬の金額が⑫の金額より大きいときは0）	純資産価額に加算される暦年課税分の贈与財産価額（第1表の配偶者の⑤の金額）	⑮（⑪−⑭＋⑮）の金額（⑬の金額より小さいときは⑬の金額）（1,000円未満切捨て）
	円	円	円	円	円	円
						,000

⑯ 相続税の総額（第3表の⑦の金額）	⑰ ⑭の金額と⑯の金額のうちいずれか少ない方の金額	⑱ 課税価格の合計額（第3表のⒶの金額）	⑲ 配偶者の税額軽減の基となる金額（⑯×⑰÷⑱）
円	円	円	円
00		,000	

配偶者の税額軽減の限度額	（第1表の配偶者の⑩の金額）（第1表の配偶者の⑫の金額）	⑳	円
	（ 円 − 円）		

配偶者の税額軽減額	（⑳の金額と㉑の金額のうちいずれか少ない方の金額）	㉑	円

（注）㉑の金額を第1表の配偶者の「配偶者の税額軽減額⑬」欄に転記します。

※ 相続税法第19条の2第5項（隠蔽又は仮装があった場合の配偶者の相続税額の軽減の不適用）の規定の適用があるときには、「課税価格の合計額のうち配偶者の法定相続分相当額」の（第1表のⒶの金額）、⑥、⑦、⑨、「課税価格の合計額のうち配偶者の法定相続分相当額」の（第3表のⒶの金額）、⑯、⑰及び⑱の各欄は、第5表の付表で計算した金額を転記します。

相続税がかかる財産の明細書

（相続時精算課税適用財産を除きます。）

被相続人　甲

○相続時精算課税適用財産の明細については、この表によらず第11の2表に記載します。

この表は、相続や遺贈によって取得した財産及び相続や遺贈によって取得したものとみなされる財産のうち、相続税のかかるものについての明細を記入します。

遺産の分割状況	区　　　分	1 全部分割	2 一部分割	3 全部未分割
	分　割　の　日	5 ・ 12 ・ 1	・　・	・　・

財　産　の　明　細						分割が確定した財産		
種類	細目	利用区分、銘柄等	所在場所等	数量 固定資産税評価額 倍数	単価	価額	取得した人の氏名	取得財産の価額
土地	宅地	自用地	港区麻布台	100m²	600,000	60,000,000	乙	60,000,000
	宅地	自用地	日野市高幡	280m²	200,000	56,000,000	A	56,000,000
	宅地	貸家建付地	国立市	1,000m² 0.82	400,000	328,000,000	A	328,000,000
	宅地	貸家建付地	国分寺市	900m² 0.82	450,000	332,100,000	乙	332,100,000
	計					(776,100,000)		
家屋	家屋	自用家屋	港区麻布台	200m² 3,000,000	1.0	3,000,000	乙	3,000,000
	家屋	貸家	国立市	400m² 8,000,000	0.7	5,600,000	A	5,600,000
	家屋	貸家	国分寺市	200m² 7,000,000	0.7	4,900,000	乙	4,900,000
	計					(13,500,000)		
現金預貯金	預金	普通預金	M銀行			10,400,000	A	10,400,000

合計表	財産を取得した人の氏名	（各人の合計）	乙	A	B		
	分割財産の価額 ①	800,000,000	400,000,000	400,000,000	0		
	未分割財産の価額 ②						
	各人の取得財産の価額 (①＋②) ③	800,000,000	400,000,000	400,000,000	0		

(注) 1 「合計表」の各人の③欄の金額を第1表のその人の「取得財産の価額①」欄に転記します。
2 「財産の明細」の「価額」欄は、財産の細目、種類ごとに小計及び計を付し、最後に合計を付して、それらの金額を第15表の⑤から㉚までの該当欄に転記します。

第11表(令5.7)

(資4-20-12-1-A4統一)

2 税額控除

相続税額を計算する場合、種々の控除があります。その内容は次とおりです。

（1）贈与税額控除

相続や遺贈によって財産を取得した人が、相続開始前3年以内（注）に、被相続人から財産を贈与によって取得していた場合には、その財産の価額を相続税の課税価格に加算し、その加算後の金額に相続税が課税されます。

したがって、贈与された財産については、そのままでは贈与税と相続税が二重に課税されることになりますので、この贈与によって取得した財産に贈与税が課せられている場合には、その贈与税額のうち、次の算式で計算した金額を相続税額から控除することになっています。

$$
\text{被相続人から贈与を受けた年分の贈与税額} \times \frac{\text{相続税の課税価格に加算された贈与財産の価額}}{\text{その年分の贈与税の課税価格（贈与税の基礎控除額控除前）}}
$$

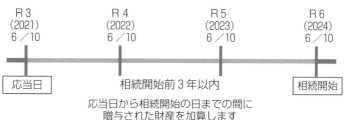

相続開始前 3 年以内の贈与

| R 3
(2021)
6／10 | R 4
(2022)
6／10 | R 5
(2023)
6／10 | R 6
(2024)
6／10 |

| 応当日 | 相続開始前 3 年以内 | 相続開始 |

応当日から相続開始の日までの間に
贈与された財産を加算します

（注）　相続開始前 3 年以内の贈与の改正については、14ページを参照し
てください。

（2）配偶者の税額軽減

　この制度は、夫婦間では同一世代間の財産の移転であり、配偶者が
被相続人の遺産の形成に寄与していること、老後の生活保障などを考
慮して、配偶者の負担の軽減を図る趣旨で設けられているものです。
この適用を受けられる配偶者とは、婚姻の届出をした者に限られま
す。また、たとえ相続の放棄をした者でも、遺贈によって財産を取得
した場合は、この控除が受けられます。配偶者の税額軽減額は次の①
と②のうち、いずれか少ない金額です。

①　配偶者の算出税額から配偶者の贈与税額控除額を控除した金額

②　次の算式によって計算した金額

$$相続税の総額 \times \frac{次のアまたはイのうち少ない金額}{相続税の課税価格の合計額}$$

　ア．課税価格の合計額×配偶者の民法900条による法定相続分※
　　　または 1 億6,000万円のうちいずれか多いほう

　※　法定相続分は、相続の放棄があってもなかったものとした場合の法

114

定相続分です。

イ．配偶者の課税価格相当額（実際取得額）

したがって、配偶者の実際取得額が課税価格の合計額に配偶者の法定相続分を乗じて計算した金額相当額以下であるか、または1億6,000万円以下である場合には、配偶者は相続税を納めなくてよいことになります。配偶者の税額軽減の適用は、遺産分割が行われ、かつ、その遺産分割協議書を添付することが必要とされています。したがって、申告期限までに分割されていない財産の価額は、イの課税価格相当額に含まれません。しかし、未分割財産が申告期限から3年以内に分割された場合には、その分割された財産のうち配偶者の取得部分の価額はイの課税価格相当額に加算され、税額の軽減が適用されることとなります。

（3）未成年者控除

相続や遺贈によって財産を取得した人が、①国内に住所を有する無制限納税義務者であるか、または国内に住所を有しない非居住無制限納税義務者であり、②民法上の相続人（ただし、相続の放棄があった場合は、その放棄がなかったものとした場合の相続人です。養子の数の制限はないので養子はすべて対象となります）であり、③年齢が18歳（令和4年3月31日以前は20歳）未満である場合に、未成年者控除の適用を受けられます。

未成年者控除額 ＝ 10万円 × （18 － その者の年齢（※ 1））

※ 1　1年未満は切捨て

この未成年者控除額が、その未成年者の相続税額を超えるときは、その超過額を、その未成年者の扶養義務者（※2）の相続税額から控除することができます。扶養義務者が2人以上いる場合には、次の金額を控除することができます。

　ア．扶養義務者全員の協議によった金額

　イ．扶養義務者の各人の相続税額により按分して計算した金額

※2　配偶者および民法877条に規定する扶養義務者（直系血族および兄弟姉妹）などをいいます。

　この規定は、未成年者の養育費等の負担などの理由から設けられています。

（4）障害者控除

　相続や遺贈によって財産を取得した人が、①国内に住所を有する無制限納税義務者であり、②民法上の相続人（ただし、相続の放棄があった場合は、その放棄がなかったものとした場合の相続人です。養子の数の制限はありません）であり、③障害者で、④85歳未満の者である場合には、障害者控除の適用が受けられます。

障害者控除額 ＝ 10万円（※1）×（85 － その者の年齢（※2））

※1　特別障害者は20万円
※2　1年未満は切捨て

　この障害者控除額も、その障害者の相続税額から控除して控除しきれないときは、未成年者控除と同様に、その扶養義務者の相続税額から控除できます。

　この規定は障害者の生活安定などの理由から設けられています。

（5）相次相続控除

　相続人（相続放棄をした人または相続権を失った人を含まない）が相続や遺贈によって財産を取得した場合に、第2次相続（今回の相続）の開始前10年以内に被相続人が第1次相続（前の相続）によって財産を取得したことがある場合には、第2次相続の相続人の相続税から次の計算による金額を差し引くことができます。

$$\text{相次相続控除額} = A \times \frac{C}{B-A} \times \frac{D}{C} \times \frac{10-E}{10}$$

A：第2次相続の被相続人が第1次相続により取得した財産について課せられた相続税額

B：第2次相続の被相続人が第1次相続により取得した財産の価額（債務控除をした後の金額）

C：第2次相続により相続人および受遺者の全員が取得した財産の価額（債務控除をした後の金額）

D：第2次相続により、その相続人が取得した財産の価額（債務控除をした後の金額）

E：第1次相続開始のときから第2次相続開始のときまでの年数（1年未満は切捨て）

　　C／（B－A）の割合が、100／100を超えるときは100／100として計算します。

　なお、相続を放棄した人または相続権を失った人については、たとえその人が遺贈により財産を取得している場合であっても相次相続控除の適用を受けることができません。

　この規定は短期間の間に重ねて相続の開始があった場合における税負担の調整を図るために、設けられているものです。

（6）外国税額控除

　相続や遺贈によって外国にある財産を取得した場合に、その財産に対して外国の法令により日本の相続税に当たる税金を課せられたときには、外国で課せられた相続税額に当たる金額を外国税額控除として相続税額から差し引くことができます。

　外国税額控除は、次のいずれか少ない金額です。

①外国で課せられた税額

②その者の相続税額 $\times \dfrac{\text{外国の相続税相当額が課せられた国外財産の価額}}{\text{その者の相続財産の価額の合計額（債務控除後）}}$

　この規定は国際間の二重課税の調整のために設けられています。

（7）税額控除の順序

　以上の税額控除をするときは、贈与税額控除、配偶者の税額軽減、未成年者控除、障害者控除、相次相続控除、外国税額控除の順序で行います。相続人の納付すべき相続税額の計算は次のようになります。

<各人の算出相続税額>

＋	相続税額の加算額
－	贈与税額控除
－	配偶者の税額軽減
－	未成年者控除額
－	障害者控除額
－	相次相続控除額
－	外国税額控除額
＝	各人の納付すべき金額

第6章

相続時精算課税制度と
その他の贈与税の特例

相続時精算課税制度

相続時精算課税制度の前に、一般の贈与税の概要について解説します。

（1）一般の贈与税（暦年課税制度）

一般の贈与税は、その年の1月1日から12月31日までの間に他人から贈与されたすべての財産の価額を合計し、基礎控除額110万円を控除して、贈与税の累進税率を乗じて贈与税額を算出します。贈与税の速算表（税額＝課税価格×税率－速算控除）は次のとおりです。

① 一般の贈与に係る贈与税の速算表

課税価格	税率	速算控除
200万円以下	10%	――
300万円以下	15%	10万円
400万円以下	20%	25万円
600万円以下	30%	65万円
1,000万円以下	40%	125万円
1,500万円以下	45%	175万円
3,000万円以下	50%	250万円
3,000万円超	55%	400万円

②　18歳以上（注）の者が直系尊属から贈与された場合の贈与税の速算表

課税価格	税率	速算控除
200万円以下	10%	――
400万円以下	15%	10万円
600万円以下	20%	30万円
1,000万円以下	30%	90万円
1,500万円以下	40%	190万円
3,000万円以下	45%	265万円
4,500万円以下	50%	415万円
4,500万円超	55%	640万円

（注）　令和4（2022）年3月31日以前の贈与については、受贈者の年齢要件は20歳以上です。

（2）相続時精算課税制度

　平成15年1月1日以後の相続・贈与について、贈与税の相続時精算課税制度が創設されました。

　贈与者を特定して相続時精算課税制度の届出をすると、その贈与者からの贈与については110万円の基礎控除額に代えて2,500万円の特別控除額が控除され、控除後の金額に一律20％の贈与税が課税されます。その贈与者の相続時（贈与者が亡くなったとき）には、その贈与者からのこの適用を受けた贈与財産すべてをその贈与者の相続財産に合算して相続税額を算出し、その者の相続税額からすでに支払ったその贈与税額を控除して納付すべき相続税額を算出します。

① 適用対象者

　適用対象者となる贈与者は60歳以上の親です。また適用対象者となる受贈者は18歳（令和4年3月31日以前は20歳）以上の直系卑属である推定相続人（代襲相続人を含む）および18歳（令和4年3月31日以前は20歳）以上である孫です。

　この年齢の判定は、その年以後の贈与についてこの適用を受けようとする年の1月1日で判定します。

② 適用手続

　この制度の選択を行う受贈者は、その選択に係る最初の贈与を受けた年の翌年2月1日から3月15日までの間に所轄税務署長に対して「相続時精算課税選択届出書」を贈与税の申告書に添付することにより行います。この選択は、贈与者である父・母・祖父・祖母ごとに選択できるものとされています（父・母・祖父・祖母のすべてを対象にそれぞれ届出することも可能）。また最初の贈与の際の届出により相続時までこの制度は継続して適用されます（一度、選択の届出を出すと、取り消すことはできません）。

③ 適用対象財産等

　贈与財産の種類、金額、贈与回数には、制限はありません。

④ 税額の計算

　ア．贈与税額の計算

　　この制度の選択をした受贈者は、この制度に係る贈与者からの贈与財産については他の贈与財産と区分して贈与税の計算を行い、申告納付することになります。

　その贈与税の計算は、この制度に係る贈与者からの贈与財産の価額から、非課税枠2,500万円（特別控除）を控除した後の金額に、一律20％の税率を乗じて算出します（非課税枠2,500万円のうち、その年に控除しきれない部分は翌年以降のこの制度に係る贈与財産の価額から控除します。選択をした年以後、この制度に係る贈与者からの贈与については暦年課税に戻ることはできません）。

（注）　なお、この制度を選択した受贈者がこの制度に係る贈与者以外の者から贈与を受けた場合には、その贈与財産の価額の合計額から基礎控除110万円を控除し、通常の贈与税の税率を乗じて贈与税額を計算します。暦年課税に係る贈与と相続時精算課税に係る贈与の両方を受けた受贈者の贈与税の計算は、それぞれ別々に行うということです。

イ．相続税額の計算

　この制度の選択をした受贈者は、その贈与者の相続時に、この制度の適用を受けた贈与財産を相続財産に合算して計算した課税価格に基づき相続税額を計算します。その算出された相続税額からすでに支払ったこの制度による贈与税額を控除して納付すべき相続税額を算出します。その際、相続税額から控除しきれない贈与税額は申告により還付されます。

　なお、相続財産と合算する贈与財産の価額は、贈与時の価額とされます。

（注）　上記相続時精算課税制度の適用を受けた贈与財産は、相続税の納付時に物納することができません。

（3）住宅取得等資金に関する相続時精算課税制度

　自己の居住の用に供する一定の家屋を取得する資金または自己の居住の用に供する家屋の一定の増改築のための資金の贈与を受ける場合には、60歳未満の親からの贈与についても相続時精算課税制度が適用されます。

※　この住宅取得等資金の特例は、令和8年12月31日までの間に贈与により取得する金銭について適用されます。

①　相続時精算課税制度の改正

　令和6年1月1日以後に贈与により取得する財産に係る相続税または贈与税については、下記のとおりとなります。

　相続時精算課税適用者が特定贈与者から贈与により取得した財産に係るその年分の贈与税については、暦年課税の基礎控除とは別に課税価格から基礎控除110万円を控除することができるとともに、特定贈与者の死亡に係る相続税の課税価格に加算される財産の価額は、上記の基礎控除を控除した後の残額とされます。

②　相続時精算課税制度の具体例

　Aさんは本年以降の父親からの贈与について相続時精算課税制度の選択を行いました。父親から本年2,000万円の贈与を受け、翌年も2,000万円の贈与を受ける予定です。10年後の父親の相続時に4,220万円の相続財産を取得した場合の課税はどうなるでしょうか。相続人はAさん1人だけです。

　ア．本年の贈与税の計算

　　2,000万円−110万円−1,890万円＝0円……贈与税がかからない

イ．翌年の贈与税の計算

　2,000万円－110万円－610万円＝1,280万円

　1,280万円×20％＝256万円……贈与税額（概算払い分）

ウ．10年後の相続税額の計算

　課税価格：（2,000万円－110万円）×2＋4,220万円＝8,000万円

　基礎控除額：3,000万円＋600万円×1人＝3,600万円

　課税遺産総額：8,000万円－3,600万円＝4,400万円

　相続税の総額：（4,400万円×1／1）×20％－200万円＝680万円

　算出税額：680万円×1.00＝680万円

　納付税額：680万円－256万円＝424万円

2 その他の贈与税の特例

（1）贈与税の配偶者控除

　贈与税は相続税の補完税と言われています。その理由は、贈与税が作られた目的の一つに、相続税を逃れるために生前に贈与をしてしまう租税回避行為を防ぐということがあり、贈与税の税負担は原則として相続税よりも重いものになっています。

　しかし、長年連れ添った配偶者に対しての贈与は、その財産形成に寄与したこと、寄与部分の財産分与という性格もあることなどから、一定の要件のもとに2,000万円までは非課税としています。

　ア．要件

　　・婚姻期間が20年以上の配偶者からの贈与であること（婚姻期間は入籍期間で判断し、1年未満の端数は切り捨てられます）。

　　・贈与は、居住用不動産または居住用不動産を取得するための金銭の贈与に限られます。

　　・贈与を受けた年の翌年3月15日までにその金銭で居住用不動産を取得すること。

　　・贈与を受けた年の翌年3月15日までにその居住用不動産を居住の用に供し、その後も引き続き居住の用に供する見込みであること。

　イ．同一の配偶者からは、一生に一度だけしか適用できません（最初に贈与を受けた金額が2,000万円に満たなくても、2度目の適

用はできません)。

ウ．贈与税の基礎控除（110万円）と併せて適用が可能です（つまり、2,110万円までは課税されないということです）。

エ．この適用を受けることにより贈与税の課税がされなくても、贈与税の申告をすることが要件です。

オ．この適用を受けた場合、その贈与が相続開始前3年以内の贈与（p.13参照）に該当したとしても、この非課税金額2,000万円までは、相続財産に加算する必要はありません。

（2）直系尊属から住宅取得等資金の贈与を受けた場合の贈与税の非課税措置

父母や祖父母など直系尊属からの贈与により、自己の居住の用に供する住宅用の家屋の新築、取得または増改築等の対価に充てるための金銭を取得した場合において、一定の要件を満たすときは、一定の金額について、贈与税が非課税となります。

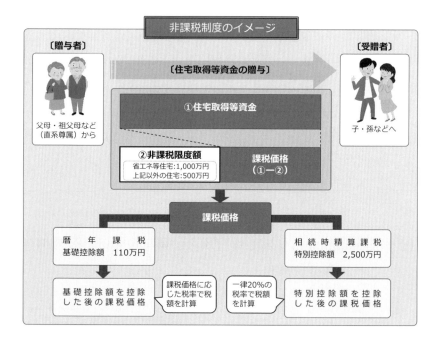

① 受贈者ごとの非課税限度額

贈与の時期	住宅用の家屋の種類 省エネ等住宅	左記以外の住宅
令和4年1月1日から令和8年12月31日まで	1,000万円	500万円

② 受贈者等の要件

1	贈与を受けた時に贈与者の直系卑属（贈与者は受贈者の直系尊属）であること。 （注）　配偶者の父母（または祖父母）は直系尊属には当たりませんが、養子縁組をしている場合は直系尊属に当たります。
2	贈与を受けた年の1月1日において18歳以上（令和4年3月31日以前の贈与の場合は、20歳以上）であること。

3	贈与を受けた年の年分の所得税に係る合計所得金額が2,000万円以下（新築等をした住宅用の家屋の床面積が40㎡以上50㎡未満である場合は1,000万円以下）であること。
4	平成21年分から令和3年分までの贈与税の申告で「住宅取得等資金の贈与を受けた場合の贈与税の非課税」の適用を受けたことがないこと。
5	自己の配偶者、親族などの一定の特別の関係がある人から住宅用の家屋を取得したものではないこと、またはこれらの人との請負契約等により新築若しくは増改築等をしたものではないこと。
6	贈与を受けた年の翌年3月15日までに、住宅取得等資金の全額を充てて住宅用の家屋の新築等をすること。 （注）　受贈者が「住宅用の家屋」を所有する（共有持分を有する場合も含まれます。）ことにならない場合は、この非課税制度の適用を受けることはできません。
7	贈与を受けた時に、日本国内に住所を有し、かつ、日本国籍を有していること。 （注）　贈与を受けた時に上記の要件に該当しない場合であっても、一定の要件の下に、対象となる場合があります。
8	贈与を受けた年の翌年3月15日までにその家屋に居住することまたは同日後遅滞なくその家屋に居住することが確実であると見込まれること。 （注）　贈与を受けた年の翌年12月31日までにその家屋に居住していないときは、原則としてこの新非課税制度の適用を受けることはできませんので、修正申告が必要となります。

③　住宅用の家屋の新築もしくは取得または増改築等の要件

　「住宅用の家屋の新築」には、その新築とともにするその敷地の用に供される土地等または住宅用の家屋の新築に先行してするその敷地の用に供されることとなる土地等の取得を含み、「住宅用の家屋の取得または増改築等」には、その住宅用の家屋の取得または増改築等とともにするその敷地の用に供される土地等の取得を含みます。

　また、対象となる住宅用の家屋は、日本国内にあるものに限られます。

【新築または取得の場合の要件】

・新築または取得をした住宅用の家屋の登記簿上の床面積（マンションなどの区分所有建物の場合はその専有部分の床面積）が40㎡以上240㎡以下で、かつ、その家屋の床面積の2分の1以上に相当する部分が受贈者の居住の用に供されるものであること。

・取得をした住宅用の家屋が次のいずれかに該当するものであること。

　ア．建築後使用されたことのない住宅用の家屋

　イ．建築後使用されたことのある住宅用の家屋で、昭和57年1月1日以後に建築されたもの

　ウ．建築後使用されたことのある住宅用の家屋で、地震に対する安全性に係る基準に適合するものであることにつき、次のいずれかの書類により証明がされたもの

a	耐震基準適合証明書
b	建設住宅性能評価書の写し（耐震等級に係る評価が等級1、2または3であるもの）
c	既存住宅売買瑕疵担保責任保険契約が締結されていることを証する書類

（注）　上記aからcの書類は家屋の取得の日前2年以内に、その証明のための家屋の調査が終了したもの、評価されたものまたは保険契約が締結されたものに限ります。

（3）直系尊属から教育資金の一括贈与を受けた場合の非課税措置

　令和8年3月31日までの間に、30歳未満の方が、教育資金に充てるため、金融機関等との一定の契約に基づき、受贈者の直系尊属（祖父

母など）から①信託受益権を取得した場合、②書面による贈与により取得した金銭を銀行等に預入をした場合または③書面による贈与により取得した金銭等で証券会社等で有価証券を購入した場合には、その信託受益権等の価額のうち1,500万円までの金額に相当する部分の価額については、受贈者が金融機関等の営業所等に教育資金非課税申告書の提出等をすることにより、贈与税が非課税となります。

　なお、契約期間中に贈与者が死亡した場合には、原則として、その死亡日における非課税拠出額から教育資金支出額（学校等以外の者に支払われる金銭については、500万円を限度とします）を控除した残額のうち、一定の計算をした金額を、その贈与者から相続等により取得したものとみなされます。

　また、教育資金口座に係る契約が終了した場合には、非課税拠出額から教育資金支出額を控除（相続等により取得したものとみなされた管理残額がある場合には、その管理残額も控除します）した残額があるときは、その残額はその契約終了時に贈与があったこととされます。

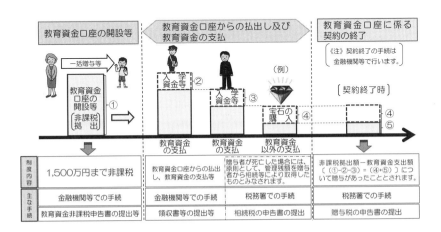

（4）直系尊属から結婚・子育て資金の一括贈与を受けた場合の非課税措置

　令和7年3月31日までの間に、18歳以上50歳未満の方が、結婚・子育て資金に充てるため、金融機関等との一定の契約に基づき、受贈者の直系尊属（父母や祖父母など）から①信託受益権を取得した場合、②書面による贈与により取得した金銭を銀行等に預入をした場合または③書面による贈与により取得した金銭等で証券会社等で有価証券を購入した場合には、その信託受益権または金銭等の価額のうち1,000万円までの金額に相当する部分の価額については、受贈者が金融機関等の営業所等に結婚・子育て資金非課税申告書の提出等をすることにより、贈与税が非課税となります。

　なお、契約期間中に贈与者が死亡した場合には、その死亡日における非課税拠出額から結婚・子育て資金支出額（結婚に際して支払う金銭については、300万円を限度とします）を控除した残額のうち、一定の計算をした金額を、その贈与者から相続等により取得したものとみなされます。

　また、結婚・子育て資金口座に係る契約が終了した場合には、非課税拠出額から結婚・子育て資金支出額を控除（相続等により取得したものとみなされた管理残額がある場合には、その管理残額も控除します）した残額があるときは、その残額はその契約終了時に贈与があったこととされます。

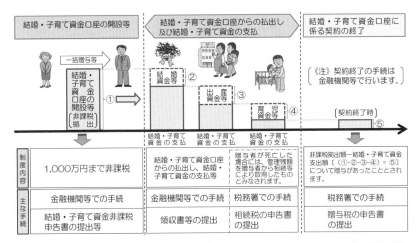

[（2）～（4）は国税庁ホームページより（一部修正）]

第7章

相続税の申告と納付

1 相続税の期限内申告と期限後申告

（1）相続税の申告書の提出義務者

　相続または遺贈により財産を取得した者は、遺産の総額（課税価格の合計額）がその遺産に係る基礎控除額（3,000万円＋600万円×法定相続人の数）を超える場合には、相続税の申告書（期限内申告書）を納税地の所轄税務署長に提出しなければなりません。

（2）相続税の申告書の提出期限

　上記に掲げる相続税の申告書を提出しなければならない者は、その相続の開始があったことを知った日の翌日から10か月以内に、相続税の申告書を提出しなければなりません。

　たとえば、相続の開始があったことを知った日が令和 5 年 6 月10日の場合、申告書の提出期限は、令和 6 年 4 月10日となります。

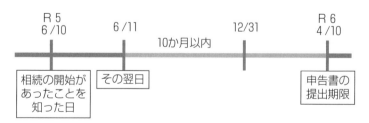

（3）提出義務の承継者

　上記に掲げる相続税の申告書を提出すべき者が、その申告書の提出期限前にその申告書を提出しないで死亡した場合においては、その者の相続人（包括受遺者を含む）は、その相続の開始があったことを知った日の翌日から10か月以内に、その死亡した者に係る上記申告書（期限内申告書）を、その死亡した者の納税地の所轄税務署長に提出しなければなりません。

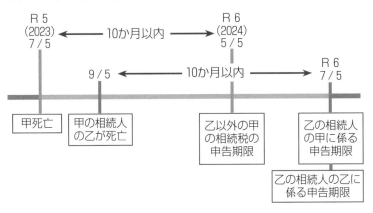

（4）提出期限の特例

①　上記の記述に該当する者が、それぞれに掲げる期限内に、日本国内に住所および居所を有しないこととなるときは、納税管理人の届出をした場合を除き、その住所および居所を有しないこととなる日までに相続税の申告書（期限内申告書）を提出しなければなりません。

②　災害その他やむを得ない理由により、申告等の期限までに申告等をすることができないと認められるときは、税務署長等は、その理

由がなくなった日から2か月以内に限り、その期限を延長すること
ができます。

（5）相続税の申告書の提出先

① 亡くなった人（被相続人）の死亡のときにおける住所地が日本国
　内にある場合……被相続人の死亡のときにおける被相続人の住所地
　を所轄する税務署長に提出します。
② 亡くなった人の死亡のときの住所地が日本国内にない場合……相
　続や遺贈によって財産を取得した者の住所地が日本国内にあるとき
　には、財産を取得した者の住所地を所轄する税務署長に提出しま
　す。
　　また、財産を取得した者の住所地が日本国内にないときは、納税
　地を定めて、その納税地を所轄する税務署長に提出します。

◆具体例

> 　私の父はA市に住んでいましたが、先日死亡しました。相続人
> は父と同居していた母とB市に住所がある私、C市に住所がある
> 弟の3人です。この場合、相続税の申告書の提出先はどこになり
> ますか。

　相続税の申告書は、被相続人の死亡のときにおける住所地であるA
市を所轄する税務署長に対し、相続の開始があったことを知った日の
翌日から10か月以内に提出することとなります。

（6）相続税の期限後申告

① 国税通則法の規定に基づく期限後申告

申告書の提出義務があるのに、期限内申告書を提出しない者については、

　ア．申告書の提出期限後、税務署長は、その調査に基づいて課税価格と税額を決定して相続税を徴収することとなります。

　イ．その提出期限後においても、上記の税務署長の職権による決定があるまでは、申告書を提出することができます。この期限後に提出される申告書を期限後申告書といいます（正当な理由なく、申告書を提出期限までに提出しなかった者は、1年以下の懲役または50万円以下の罰金に処せられることがあります）。

（7）相続税法の特例

申告書の提出期限後において、次の事由が生じたため、新たに申告書を提出すべき要件に該当することとなった者は、期限後申告書を提出することができます。

① 相続税の申告書の提出期限までに遺産分割が行われなかったため、民法に定める相続分または包括遺贈の割合に従って課税価格が計算されていた場合において、その後、その財産の分割が行われ、

共同相続人または包括受遺者がその分割により取得した財産に係る課税価格が、民法の相続分または包括遺贈の割合に従って計算された課税価格と異なることとなった場合

② 民法の規定による認知、相続人の廃除またはその取消しに関する裁判の確定、相続の回復、相続の放棄の取消し等により相続人に異動が生じた場合

③ 遺留分侵害額の請求に基づき支払うべき金銭の額が確定した場合

④ 遺贈に係る遺言書が発見され、または、遺贈の放棄があった場合

（8）加算税

期限後申告書を提出した場合には、原則として無申告加算税（納付税額の15％）が課税されます（決定があるべきことを予知してされたものでない自主的な期限後申告については5％）。ただし、期限までに申告書を提出しなかったことについて正当の理由がある場合には、この無申告加算税は徴収されないことになっています。

① 決定があるべきことを予知してされたものでない自主的な期限後申告について、その申告書が申告期限から1か月以内に提出され、かつ、その納付税額の全額が納期限（＝申告期限）までに納付されているなどの場合は、無申告加算税は課されません。この要件を満たさない自主的な期限後申告については5％の無申告加算税が課されます。ただし、税務調査の事前通知後で決定の予知前の期限後申告については、10％とされます（納付税額が50万円を超える部分は15％）。

② 無申告加算税の割合について、納付税額が50万円を超える部分については15％でなく20％となります（自主的な期限後申告を除く）。

※　令和6年1月1日以後に法定申告期限が到来する国税については、納付税額が300万円を超える部分に対する無申告加算税の割合が30%（自主的な修正申告の場合は25%）に引き上げられます。

2 相続税の修正申告と更正の請求

（1）相続税の修正申告

① 国税通則法の原則

相続税の申告書を提出した後に、申告漏れとなっていた財産があったり、財産の評価や計算の誤り等のために、申告した課税価格、相続税額が過少であったことに気がついた場合には、前に提出した申告書を修正するための修正申告書を提出することができます。

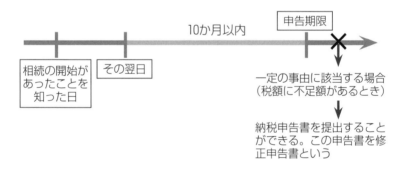

② 相続税法の特例

相続税法の特例の事由（p.139参照）が生じたため、申告した相続税額に不足額が生じた場合には、修正申告書を提出することができます。この修正申告書は、税務署長からの更正の通知があるまでは、いつでも提出することができます。

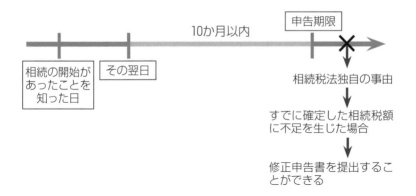

③　加算税

　修正申告書を提出した場合には、その申告によって増加した税額に対して、原則的に次の加算税が課税されます。ただし、この加算税についても正当な理由がある場合には、課されないこととなっています。

　ア．過少申告加算税（期限内の申告書を提出した人）……増加税額の10％

　　　ただし、期限内申告税額と50万円のうち、いずれか多い金額を超える部分の増加税額については15％です。

　　　更正のあるべきことを予知しない自主的な修正申告は課されません。

　　　ただし、税務調査の事前通知後の自主的な修正申告の場合は、5％（期限内申告税額と50万円のうち、いずれか多い金額を超える部分については10％）が課されます。

　イ．無申告加算税（期限後申告書を提出していた場合）……増加税額の15％（自主的な修正申告の場合は5％）

　　　ただし、税務調査の事前通知後の自主的な修正申告の場合は、

10%です。

　納付税額（期限後申告による納付税額も含めた累積額）が50万円を超える場合は、その超える部分の金額と今回の増加税額との少ないほうの金額に対して５％の上乗せがあります（自主的な修正申告の場合を除く）。

※　令和6年1月1日以後に法定申告期限が到来する国税については、納付税額が300万円を超える部分に対する無申告加算税の割合が30％（自主的な修正申告の場合は25％）に引き上げられます。

（2）相続税の更正の請求

　相続税の申告書を提出した後に、財産の評価、計算の誤りやその他の理由により、相続税額を過大に申告したことがわかった場合には、正当な額とするための救済手続として、更正の請求をすることができます。

①　国税通則法の原則

　相続税の申告書（期限内申告書、期限後申告書、修正申告書）を提出した後で、財産の評価や計算の誤り等のために、申告した課税価格や税額が過大であることがわかったときは、法定申告期限から５年以内に限り、その課税価格や税額を正当な額に訂正を求めるための更正の請求を税務署長に対し行うことができます（贈与税の更正の請求の場合は、法定申告期限から６年以内となります）。

②　相続税法の特則

　相続税の申告書（期限内申告書、期限後申告書、修正申告書）を提出した後、または税務署長から相続税について更正または決定の通知を受けた後に、次の事由によって、その申告、更正または決定に係る課税価格および税額が過大になったときは、その事由が生じたことを知った日の翌日から4か月以内に限り、その課税価格や税額を正当な額に訂正を求めるための更正の請求を税務署長に対し行うことができます。

　ア．相続税法の特例の事由が生じた場合（p.139参照）

　イ．民法958条の3第1項の規定により、相続財産法人に係る財産が被相続人の特別縁故者などに分与された場合

　ウ．申告期限までに分割されていない財産が、申告期限から3年以内（その期間が経過するまでの間にその財産が分割されなかったことについて、その相続または遺贈に関し訴えの提起がされたこと、その他のやむを得ない事情がある場合において、納税地の所轄税務署長の承認を受けたときは、その財産の分割ができることとなった日として定める日の翌日から4か月以内）に分割されたことにより、その分割が行われたとき以後において配偶者の税額軽減の規定を適用して計算した相続税額が、その事前において配偶者の税額軽減の規定を適用しないで計算した相続税額と異なる

こととなった場合

エ．申告の時点において未分割であったため、小規模宅地等につい
ての相続税の課税価格の計算の特例を適用しないで申告をしてい
た場合において、遺産分割が行われ、この特例を適用して計算し
た相続税額が当初に申告した相続税額よりも減少することとなっ
た場合

3 相続税の納付

（1）相続税の納付

　期限内申告書を提出した者は、その申告書の提出期限までに、その申告書に記載した相続税を国に納付しなければなりません。

　相続税もほかの税金と同様に金銭で一時に納付することが原則となっています。しかし、相続税は、土地や建物などを取得した場合には、金銭で（一時に）納付することを困難とすることが考えられることから、延納または物納が認められています（p.150参照）。

（2）連帯納付の義務

　連帯納付義務について、具体例で解説します。

◆連帯納付義務の具体例

> 　相続人が、Ａ、Ｂ、Ｃの３名います。Ａが相続税を支払わない場合、その相続税は誰が支払うこととなりますか。

　同一の被相続人から相続または遺贈によって財産を取得したすべての者は、その相続または遺贈により取得した財産についての相続税について、その相続や遺贈により受けた利益の価額に相当する金額を限度として、互いに連帯納付の責任を負うことになります。

本件の場合、相続人Ａ、Ｂ、Ｃの３人は、その相続または遺贈により取得した財産に係る相続税について、その相続または遺贈により受けた利益の価額に相当する金額を限度として、互いに連帯納付の義務を負うこととされています。したがって、Ａに支払能力がなければＢまたはＣが支払うこととなります。

　相続または遺贈により受けた利益の価額とは、次の金額をいいます。

相続または遺贈 により取得した 財産の価額	－	債務 控除額	－	相続税額 登録免許税	＝	責任の限度額 （受けた利益の価額）

（3）延滞税

　法定申告期限までに、相続税を納付しなかった場合には、次のとおり、その納付の遅れた期間に応じて、それぞれ延滞税を納付しなければなりません。

　この延滞税は、未納の税金について、法定納期限の翌日から納付のあった日までの日数に応じて、年14.6％（納期限※の翌日から２か月を経過する日までの延滞税については年7.3％）となります。

　ただし、各年の特例基準割合（注）が7.3％に満たないときは、年14.6％の割合は、特例基準割合に7.3％を加算した割合となり、年7.3％の割合は、特例基準割合に１％を加算した割合（加算した割合が7.3％を超えるときは7.3％）となります。

（注）　この場合の特例基準割合とは、各年の前々年の10月から前年の９月までの各月における銀行の新規の短期貸付の平均利率の合計を12で除して計算した割合として各年の前年の12月15日までに財務大臣

　が告示する割合に、年1％の割合を加算した割合をいいます。

※　法定納期限と納期限の違い……たとえば期限後申告書や修正申告書を提出した場合は、その提出日が具体的な納期限となります。これに対して法定納期限とは、本来の期限内申告書の提出期限のことです。一方、期限内申告書を提出した場合は、納期限は法定納期限と同じになります。

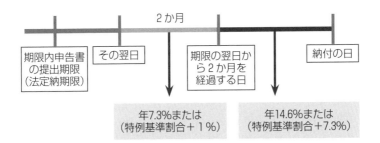

延滞税の額　＝　未納の国税の額　×　14.6％（7.3％）　×　計算日数／365
（100円未満切捨て）

4 延納・物納制度

（1）延納制度

① 延納制度の趣旨

相続税については、他の法人税、所得税等の税金と同様に金銭で一時に納付することが原則です。しかし、取得した財産のなかには流動性に欠ける土地・建物等があり、納税資金の調達に困難をきたすことがあります。そこで、法は、財産に対して課税するという特質から延納という制度を設けています。

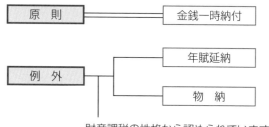

財産課税の性格から認められています。

② 適用要件

ア．申告納付額または更正・決定による追徴税額が10万円超であること。

 a．期限内申告、期限後申告、修正申告の申告納付の場合にも認められます。

 b．10万円を超えるかどうかは、aのそれぞれの納付額で判定さ

れます。

イ．担保の提供があること。

　a．延納税額や利子税額を十分に担保できる、価値のあるものです。

　b．担保として提供する資産は、相続、遺贈によって取得した財産でなくてもよいとされています。担保については次のようなものがあります。

・国債および地方債

・社債その他の有価証券で税務署長が確実と認めるもの

・土地

・建物、立木、船舶、自動車等で保険に付したもの

・工場財団など

・税務署長が確実と認める保証人の保証

ウ．延納税額が50万円未満で、かつ、延納期間が３年以下であるときには、担保を提供する必要はありません。

③　年賦延納をしようとする相続税の納期限または納付すべき日までに、所定の事項を記載した延納申請書※に担保の提供に関する書類を付して納税地の所轄税務署長に提出しなければなりません。

※　延納申請書には、次の事項を記載して提出することになっています。

　ア．納付すべき相続税等

　イ．金銭で納付することを困難とする金額およびその困難とする事由

　ウ．延納税額

　エ．延納期間ならびに分納税額およびその納期限

　オ．担保の内容

　カ．その他定められた事項

④　延納の許可限度額

　納付すべき相続税額が10万円を超え、かつ、納税義務者について納期限までに、金銭で納付することを困難とする事由がある場合は、納税者の申請により納付を困難とする金額を限度として、原則5年以内の延納を許可することができます。この「納付を困難とする金額」が「延納の許可限度額」となります。すなわち、次のアの額からイの額を控除した残額です。

　　ア．相続税の期限内申告書、修正申告書、期限後申告書、または、更正か決定により納付すべき相続税額

　　イ．上記アの相続税額の納期限において納税義務者が有する現金、預貯金その他換価の容易な財産（国債、地方債、不動産、船舶、社債、株式、証券投資信託の受益証券、貸付信託の受益証券および動産を除く。すなわち物納対象財産を除く）の価額に相当する金額から、納税者および納税者と生計を一にする配偶者その他の親族の生活のために通常必要とされる費用の3か月分に相当する金額（納税者が負担すべきものに限ります）および納税者の事業継続のために当面必要な運転資金の額を控除した残額

許可限度額：

$$\begin{matrix} \text{納付す} \\ \text{べき相} \\ \text{続税額} \end{matrix} - \left\{ \begin{matrix} \text{納期限の時点} \\ \text{における現預} \\ \text{金、換価可能} \\ \text{財産の価額} \end{matrix} \right\} - \left\{ \begin{matrix} \text{納税者の家族の通常の生活} \\ \text{費用の3か月分の額＋納税} \\ \text{者の事業継続のために当面} \\ \text{必要な運転資金の額} \end{matrix} \right\}$$

⑤　延納中の物納の選択

　相続税を延納中の者が、資力の状況の変化等により延納による納付が困難となった場合には、その者の申請により申告期限から10年以内

に限り、延納税額からその納期限の到来した分納税額を控除した残額を限度として、物納を選択することができます。

　（注）　この場合における物納財産の収納価額は、その物納申請の時の価額とされます。

⑥　延納期間

　適用要件を満たした場合、5年以内の年賦延納をすることができます。

　ただし、相続財産の価額のうち、不動産等※の占める割合によって、延納期間は、次ページの表のようになります。

※　不動産等…不動産、不動産の上に存する権利、立木および事業用の減価償却資産、特定の同族会社の株式または出資をいいます。

⑦　延納税額に対する利子税

　延納の許可を受けた税額については、相続財産のうちに不動産等の価額の占める割合に応じて次の表のような利子税がかかります。

不動産等の割合	区　分	最高延納期間	利子税の割合	特例割合※
75%以上	①動産等に係る延納相続税額	10年	5.4%	0.6%
	②不動産等に係る延納相続税額（③を除く）	20年	3.6%	0.4%
	③森林計画立木の割合が20%以上の森林計画立木に係る延納相続税額	20年	1.2%	0.1%
50%以上75%未満	④動産等に係る延納相続税額	10年	5.4%	0.6%
	⑤不動産等に係る延納相続税額（⑥を除く）	15年	3.6%	0.4%
	⑥森林計画立木の割合が20%以上の森林計画立木に係る延納相続税額	20年	1.2%	0.1%
50%未満	⑦一般の延納相続税額（⑧⑨⑩を除く）	5年	6.0%	0.7%
	⑧立木の割合が30%を超える場合の立木に係る延納相続税額（⑩を除く）	5年	4.8%	0.5%
	⑨特別緑地保全地区等内の土地に係る延納相続税額	5年	4.2%	0.5%
	⑩森林計画立木の割合が20%以上の森林計画立木に係る延納相続税額	5年	1.2%	0.1%

※　この表の「特例割合」は、令和5年1月1日現在の「延納特例基準割合」0.9%で計算しています。

⑧　利子税の特例

　ただし、各分納期間の開始の日の属する年の特例基準割合（延納特例基準割合といいます）が、7.3%に満たない場合は、その分納期間においては、本則の利子税の割合に延納特例基準割合が年7.3%の割合のうちに占める割合を乗じて計算した割合（その割合の0.1%未満

の端数は切り捨てます）となります。

　特例基準割合とは、各年の前々年の10月から前年の9月までの各月における銀行の新規の短期貸付の平均利率の合計を12で除して計算した割合として各年の前年の12月15日までに財務大臣が告示する割合に、年1％の割合を加算した割合をいいます。

　すなわち、延納特例基準割合＜7.3％のときは、

$$本則の利子税の割合 \times \frac{延納特例基準割合}{7.3\%}$$

（この式の結果については0.1％未満切捨て）

　この結果、利率が低い現状では、適用される利子税は本則の利子税よりも低い率となります。

（2）物納制度

①　物納制度の趣旨

　相続税は、金銭一時納付が原則ですが、財産課税の性格上、課された相続税を金銭で納付することを困難とする事由が考えられるため、この物納が認められています。

（注）　物納した場合、譲渡所得税は非課税となります。

②　適用要件

　ア．納付すべき相続税額を、延納によっても金銭で納付することが困難である場合は、納税者の申請により、その納付を困難とする金額を限度として物納を許可することができます。この納付を困難とする金額（物納の許可限度額）は、次のとおりです（p.152 ④延納の許可限度額を参照）。

物納の許可限度額 ＝ 延納の許可限度額 － 延納納付可能額

　延納納付可能額（延納によって納付することができる金額）：次に
よって計算します。

納期限後において見込まれる1年間の収入の金額として合理的に計算した金額	－	納期限後の納税者の家族の通常の生活費1年分	＋	納税者の事業継続のために必要な運転資金の額	×延納期間	＋	1年以内に見込まれる臨時的な収入から臨時的支出を控除した金額

　イ．物納しようとする相続税の納期限または納付すべき日までに、
　　金銭で納付することを困難とする事由、物納しようとする税額そ
　　の他所定の事項を記載した物納申請書を提出すること。

③　物納できる財産（物納財産）

　物納に充てることができる財産は、相続税の課税価格に算入された
財産（相続税の対象となった財産）で、日本国内にあるもののうち次
に掲げるものです。
　ア．不動産および船舶
　イ．ａ．国債および地方債
　　　ｂ．社債、株式、証券投資信託および貸付信託の受益証券のう
　　　　ち、金融商品取引所に上場されているものその他換価が容易
　　　　なもの
　　　ｃ．社債、株式、証券投資信託および貸付信託の受益証券のう
　　　　ちイ以外のもの（換価が容易でないもの）
　ウ．動産
　これらの財産を物納に充てることができる順位は、
　第1順位：アとイａ、ｂ

第2順位：イc、ウ（アおよびイa、bがない場合に限る）

第3順位：ウ（ア、イで適当な価額のものがない場合に限る）

④　物納不適格な財産

次の財産は、管理処分不適格財産として物納に充てることができません。

ア．次の不動産

　a．担保権、譲渡担保の目的とされているもの。差押えがされているもの

　b．所有権の存否または帰属について争いがあるもの

　c．境界が明らかでないもの

　d．囲繞地で通行権の内容が明確でないもの

　e．2以上の者の共有物で、すべての共有者が物納を申請する場合以外

　f．敷金その他の財産の返還に係る債務を、国が負うこととなるもの

　g．その他一定のもの

イ．次の株式

　a．譲渡制限株式

　b．質権その他の担保権の目的となっている株式

　c．権利の帰属について争いがある株式

　d．2以上の者の共有に属する株式で、すべての共有者が物納を申請する場合以外

　e．その他一定のもの

⑤　物納劣後財産

　次の財産は、物納できる財産ではありますが、他に物納適格財産がない場合に限り、物納が認められます。

　　ア．地上権・永小作権・地役権等が設定されている土地

　　イ．法令の規定に違反して建築された建物およびその敷地

　　ウ．建築基準法上の道路に2メートル以上接していない土地

　　エ．市街化区域以外の区域にある土地（宅地として造成できるものを除く）

　　オ．その他一定のもの

⑥　物納審査期間

　　ア．税務署長は、物納申請の許可または却下を、物納申請期限の翌日から原則として3か月以内に行うこととなります。ただし、物納財産が多数となるなど調査等に相当の期間を要すると見込まれる場合には、6か月以内（積雪など特別な事情によるものについては、9か月以内）とすることができます。この場合、その旨を書面により申請者に通知します。

　　イ．上記審査期間内に許可または却下をしない場合には、物納を許可したものとみなされます。

⑦　物納申請を却下された者の延納の申請

　　物納の許可申請者について、延納納付が可能であることから物納申請の全部または一部が却下された場合には、却下の日の翌日から20日以内に延納の申請を行うことができます。

⑧　物納の利子税

　物納により納付が完了されるまでの間について、利子税の負担が求められます。ただし、審査事務に要する期間については、利子税は免除されます。

⑨　収納価額

　物納財産の収納価額は、実際の時価ではなく、課税価格計算の基礎となったその財産の価額（相続税評価額。小規模宅地等の評価減の適用を受けた場合は適用後の金額）によることになっています。

　ただし、税務署長は、収納のときまでにその財産の状況に著しい変化を生じたときは、収納のときの現況により、その財産の収納価額を定めることができます。

（注）　物納予定の宅地に小規模宅地等の評価減の適用を受けることは不利となるので注意を要します。

⑩　納付時期

　物納の許可を受けた税額に相当する相続税は、物納財産の引渡し、所有権移転の登記その他法令により第三者に対抗することができる要件を充足したときにおいて、納付があったものとされます。

⑪　物納の撤回

　物納の許可をした不動産のうちに、賃借権その他の不動産を使用する権利の目的となっている不動産がある場合において、その物納の許可を受けた者が、その後物納に係る相続税を、金銭で一時に納付し、または延納の許可を受けて納付することができることとなったときは、その不動産については、その収納後においても、その物納の許可

を受けた日の翌日から1年以内の申請により、その物納の撤回の承認
を受けることができます。

第 8 章

納税猶予制度

1 災害等による納税猶予制度

（1）納期限の延長

　災害その他やむを得ない理由があった場合で、国税庁長官、国税局長、税務署長等が、納期限までに申告納付することができないと認めるときは、その納期限をその理由のなくなった日から2か月以内に限り、その期限を延長することができます。

（2）納税の猶予

① 　震災、風水害等により納税者がその財産に相当な損失を受けた場合には、災害前に納税義務が成立した国税で、納期限が損失を受けた日以後到来するものについて、災害のおさまった日から2か月以内に本人が申請することにより、その納期限から1年以内の期間に限り、その税額（申請日以前に納付すべき金額が確定したものに限ります）の全部または一部の納税の猶予を受けることができます。

② 　納税者がその財産に災害等を受けたり、盗難にあったり、また納税者と生計を一にする親族が病気にかかったり負傷したりしたことなどにより、その税額を一時に納付することができない場合には、税務署長等に対して、担保を提供し、申請することにより1年以内の期間、納税の猶予を受けることができます。

（3）災害により被害を受けた場合の税金の免除

　相続税の申告書の提出期限後に、災害により相続税の課税価格の計算の基礎となった財産に、次のいずれかに該当する被害を受けたときは、災害のおさまった日から2か月以内に、所定の申請書を税務署長に提出すれば、被害を受けた日以後に納付すべき税額のうち被害を受けた部分に対応する税額は、免除されます。

（1）　$\dfrac{\text{被害を受けた部分の価額}}{\begin{array}{c}\text{相続税の課税価格の計算の基礎となった}\\\text{財産の価額（債務控除後の価額）}\end{array}} \geqq \dfrac{1}{10}$

（2）　$\dfrac{\text{動産等について被害を受けた部分の価額}}{\begin{array}{c}\text{相続税の課税価格の計算の基礎となった}\\\text{動産等}^{※}\text{の価額}\end{array}} \geqq \dfrac{1}{10}$

　※　動産等とは、次に掲げる財産をいいます。
　①動産（金銭および有価証券を除きます）
　②不動産（土地および土地の上に有する権利は除きます）
　③立木

（注）　申告書の提出期限前に、上記のいずれかに該当する被害を受けたときは、その被害を受けた部分の価額（保険金等により補てんされる金額を除きます）を課税価格から控除することができます。

2 非上場株式の納税猶予制度

　優良な非上場の中小企業は株式評価が高くなることが多く、相続税の納税資金のために、事業継続が困難となる事例が多く見られてきました。我が国産業の根幹を支えるこれら中小企業の存続を図り、かつ雇用の継続を守るために、非上場株式の納税猶予制度が創られました。

（1）取引相場のない株式等に係る相続税の納税猶予制度

① 概要

　経営承継相続人が、相続等により、中小企業における経営の承継の円滑化に関する法律に基づき経済産業大臣の認定を受けた非上場会社の議決権株式等を取得した場合には、その経営承継相続人が納付すべき相続税額のうち、その議決権株式等（相続開始前からすでに保有していた議決権株式等を含めて、その中小企業者の発行済議決権株式等の総数等の3分の2に達するまでの部分に限ります）に係る課税価格の80％に対応する相続税額について、その経営承継相続人の死亡等の日までその納税が猶予されます。

（注）「経営承継相続人」とは、中小企業における経営の承継の円滑化に関する法律に規定する経営承継相続人をいいます。

② 猶予税額の計算

　ア．相続税の納税猶予の適用がないものとして、通常の相続税額の計算を行い、各相続人の相続税額を算出します（経営承継相続人以外の相続人の相続税額は、この額となります）。

　イ．経営承継相続人以外の相続人の取得財産は不変としたうえで、経営承継相続人が、本来の課税価格による特例適用株式等のみを相続するものとして計算した場合の経営承継相続人の相続税額と、課税価格を20％に減額した特例適用株式等のみを相続するものとして計算した場合の経営承継相続人の相続税額の差額を、経営承継相続人の納税猶予額とします。

　なお、アにより算出した経営承継相続人の相続税額からこの納税猶予額を控除した額が経営承継相続人の納付税額となります。

③ 猶予税額の納付

　ア．経済産業大臣の認定の有効期間（5年間）内に、経営承継相続人が代表者でなくなる等、認定の取消事由に該当する事実が生じた場合には、猶予税額の全額を納付しなければなりません。

　イ．5年の期間経過後において、特例適用株式等の譲渡等をした場合には、特例適用株式等の総数に対する譲渡等をした特例適用株式等の数の割合に応じて猶予税額を納付しなければなりません。

④ 猶予税額の免除

　経営承継相続人が特例適用株式等を死亡の時まで保有し続けた場合は、猶予税額の納付が免除されます。このほか、経済産業大臣の認定の有効期間（5年間）経過後における猶予税額の納付の免除については次によります。

ア．特例適用株式等に係る会社について、破産手続開始の決定または特別清算開始の命令があった場合には、猶予税額の全額が免除されます。

イ．贈与税の納税猶予制度（後述）の適用を受ける後継者へ特例適用株式等を贈与した場合には、その適用を受ける特例適用株式等に係る相続税の猶予税額が免除されます。

ウ．同族関係者以外の者へ保有する特例適用株式等を一括して譲渡した場合において、その譲渡対価または譲渡時の時価のいずれか高い額が猶予税額を下回るときは、その差額分の猶予税額が免除されます。

なお、上記ア、ウの場合において免除される金額のうち、過去5年間の経営承継相続人および生計を一にする者に対して支払われた配当および過大役員給与等に相当する額は免除されません。

⑤ 利子税の納付

上記③により、猶予税額の全部または一部を納付する場合には、相続税の法定申告期限からの利子税※を併せて納付しなければなりません。

※ 平成27年1月1日以降は、経営承継期間（5年間）の経過後に納税猶予税額の全部または一部を納付する場合、その経営承継期間中の利子税の割合が0％となります。

⑥ 担保の提供

相続税の納税猶予の適用を受けるためには、原則として、特例適用株式等のすべてを担保に供さなければなりません。

⑦　その他

　ア．経済産業大臣の認定および本制度の対象とならない資産保有型
　　会社の判定において、過去5年間に経営承継相続人およびその同
　　族関係者に対して支払われた配当や過大役員給与等に相当する額
　　は特定資産および総資産の額に加算します。

　イ．相続開始前3年以内に経営承継相続人の同族関係者からの現物
　　出資または贈与により取得した資産の合計額の総資産に占める割
　　合が70％以上である会社に係る株式等については、本特例の適用
　　はできません。

　ウ．経営承継相続人は、経済産業大臣の認定の有効期間（5年間）
　　内は毎年、その後は3年ごとに継続届出書を税務署長に提出しな
　　ければなりません。

（2）取引相場のない株式等に係る贈与税の納税猶予制度

①　認定中小企業者の代表者であった者の後継者として経済産業大臣
の確認※を受けた者が、その代表者であった者から贈与によりその
保有株式等の全部（贈与前からすでにその後継者が保有していたも
のを含めて、発行済議決権株式等の総数等の3分の2に達するまで
の部分を上限とします）を取得した場合には、猶予対象株式等の贈
与に係る贈与税の全額の納税が猶予されます。

②　猶予税額の納付、免除等については、相続税の納税猶予と同様で
す。

③　贈与者の死亡時には、引き続き保有する猶予対象株式等を相続に
より取得したものとみなし、贈与時の時価により他の相続財産と合
算して相続税額を計算します。その際、経済産業大臣の確認を受け

た場合には、相続税の納税猶予の適用があります。

平成30（2018）年１月１日から令和9（2027）年12月31日までの特例

内容		従来の事業承継税制	特　例
納税猶予対象株式		発行済議決権株式総数の３分の２に達するまでの株式	３分の２の上限を撤廃し、取得したすべての株式を対象
納税猶予割合		贈与：100％ 相続：　80％	贈与：100％ 相続：100％
雇用確保要件		５年間の雇用平均８割の維持	雇用要件を取消事由から除外 ※ただし、要件を満たせない理由を記載した書類の提出が必要
適用対象者	先代経営者	代表権を有する者または有していた先代経営者１人から、株式を承継する場合のみ	複数人（代表者以外の者を含む）からの特例後継者（注）への承継も適用対象
	後継者	代表権を有しているまたは代表権を有する見込みである後継者１人への承継のみ	代表権を有する複数人（最大３人）への承継も適用対象
猶予の取消事由（譲渡、合併、解散等）に該当した場合の納付金額		株式の贈与時・相続時の相続税評価額を基に計算した納付税額	経営環境の変化を示す一定の要件を満たす場合の会社株式の譲渡、合併、解散等については、その時点の株価で税額を再計算し猶予税額との差額は減免
相続時精算課税制度の適用対象者		贈与者の直系卑属のみ	贈与者の親族外の後継者についても対象

（注）　特例後継者：特例認定承継会社〈平成30（2018）年４月１日から令和8（2026）年３月31日までの間に特例承継計画を都道府県に提出した会社で、中小企業における経営の承継の円滑化に関する法律12条１項の認定を受けたもの〉の特例承継計画に記載されたその特例認定承継会社の代表権を有する後継者で、その同族関係者のうちその特例認定承継会社の議決権を最も多く有する者

（出典）ABC税務研究会 編『平成30年度 税制改正』（ビジネス教育出版社）

（3）個人事業者の事業用資産に係る納税猶予制度

　平成31（2019）年１月１日から令和10（2028）年12月31日までの間の時限措置として、個人事業者の事業用資産に係る相続税・贈与税の納税猶予制度が創設されました。

　認定相続人（承継計画に記載された後継者であって、中小企業における経営の承継の円滑化に関する法律の規定による認定を受けた者）・認定受贈者（18歳（令和４（2022）年３月31日までの贈与については、20歳）以上である者に限る）が相続等・贈与により特定事業用資産（被相続人の事業（不動産貸付事業等を除く）の用に供されていた土地等の資産）を取得し、事業を継続していく場合には、担保の提供を条件に、その認定相続人・認定受贈者が納付すべき相続税額・贈与税額のうち、相続等・贈与により取得した特定事業用資産の課税価格に対応する相続税・贈与税の納税が全額猶予される制度です。

　この納税猶予制度では、事業用宅地（400㎡までの部分に限る）のほか事業用建物（床面積800㎡までの部分に限る）および建物以外の一定の減価償却資産も対象資産となります。また、相続税の納税猶予制度は、特定事業用宅地等の小規模宅地特例との併用はできず、どちらか一方の選択適用となります。

【著者紹介】

梶山清児 (かじやま・せいじ)

平成 3 年　東京国税局資産課税課勤務。同課審理係長・課長補佐、東京地方裁判所調査官、国税庁監督評価官、麻布税務署副署長、東京国税局国税訟務官、同機動課長を歴任。

平成26年　世田谷税務署長

平成27年　東京国税局資産課税課長

平成28年　大阪国税不服審判所部長審判官

平成29年　千葉東税務署長

平成30年　税理士登録。税理士法人みなと財務社員税理士として現在に至る。

〈著書〉『専門家のための「小規模宅地等の特例」の概要と実例回答セレクト』（共著、税務研究会出版局）、『専門家のための資産税実例回答集（改訂第 5 版)』（共著、税務研究会出版局）他

2024年1月以降の相続・贈与に対応

相続コンサルで押さえておきたい税金のポイント

2024年 5 月10日　初版第 1 刷発行

著　者　税理士法人 みなと財務
　　　　税理士　梶山　清児

発行者　延對寺　哲

発行所　株式会社ビジネス教育出版社

〒102-0074　東京都千代田区九段南4-7-13
TEL 03(3221)5361(代表)　FAX 03(3222)7878
E-mail:info@bks.co.jp　URL:https://www.bks.co.jp

落丁・乱丁はおとりかえします　　　　　　　　印刷・製本／株式会社オルツ

ISBN978-4-8283-1074-9